E. von Ubisch

Virgil Solis und seine biblischen Illustrationen für den Holzschnitt

E. von Ubisch

Virgil Solis und seine biblischen Illustrationen für den Holzschnitt

ISBN/EAN: 9783742846587

Hergestellt in Europa, USA, Kanada, Australien, Japan

Cover: Foto ©Thomas Meinert / pixelio.de

Manufactured and distributed by brebook publishing software (www.brebook.com)

E. von Ubisch

Virgil Solis und seine biblischen Illustrationen für den Holzschnitt

Virgil Solis

und seine

BIBLISCHEN ILLUSTRATIONEN

für den Holzschnitt

von

E. von UBISCH.

LEIPZIG
DRUCK VON RAMM & SEEMANN
1889.

Inhaltsverzeichnis.

	Seite
Einleitung	1
Quellen über Solis	4
Litteratur über Solis	7
Herkunft des Solis	9
Das Monogramm VS	10
Das Todesjahr	13
Charakteristik	15
Rekapitulation	21
Die verschiedenen Perioden	22
1. Die Züricher Periode	22
2. Die Nürnberger Periode	31
3. Die Frankfurter Periode	43
Zur Clichéfrage	83
Schlussbemerkung	85
Verzeichniss der Abkürzungen	23

Einleitung.

Virgil Solis' künstlerisches Wirken als Kupferstecher, Holzschneider und Maler fällt in die Mitte des 16. Jahrhunderts. Von seinen Werken gibt es weder ein annähernd vollständiges Verzeichnis, noch eine ihrer Bedeutung irgendwie entsprechende, kritische Bearbeitung. Wenn hieran der grosse Umfang des Werkes und die Seltenheit vieler Blätter, die in Staats- und Privatbesitz verborgen, schwer zu finden, noch schwerer zu vergleichen sind, einen Teil der Schuld tragen, so ist doch nicht zu verkennen, dass die kunstgeschichtliche Forschung sich überhaupt der Zeit des Solis gegenüber bis jetzt sehr spröde verhalten hat. So würde auch der Meister, der in seinem Fache einer der bedeutendsten Vertreter der sogenannten deutschen Hochrenaissance war, selbst in dem deutschen Peintre-Graveur Andresens vergeblich gesucht werden.

Aus diesen Gründen — dem umfangreichen Material und dem gänzlichen Mangel an Vorarbeiten — empfiehlt es sich, zunächst die einzelnen Teile des Werkes zusammenzusuchen und getrennt zu behandeln. Einen solchen Teil bilden die biblischen Illustrationen des Meisters.

Unter den grossen Bilderfolgen, die Virgil Solis im Laufe seines arbeitsamen Lebens geschaffen hat, ist diese Gruppe dem Umfange nach die grösste und für die kunsthistorische Betrachtung die wichtigste. Sie allein gibt auch über den Entwickelungsgang des Meisters, über die Art seines Schaffens, über seine Vorbilder und sein Verhältnis zu denselben ein klares Bild; darüber hinaus aber erkennt man mit voller Klarheit die Kunstströmungen und den Kunstgeschmack jener Zeit, in der sich das Leben des Volkes auf einer neuen Grundlage zu entwickeln begann.

Die Geschichte der künstlerischen Bestrebungen, welche Deutschland seit etwa 1550, der Zeit eines tiefgehenden allgemeinen Umschwunges, erfüllten, ist noch nicht geschrieben, wie auch Einzelforschungen auf diesem Gebiete zu den Seltenheiten gehören. Aus den vorhandenen Arbeiten eine in sich zusammenhängende Entwickelung der deutschen Kunst zu erkennen, erscheint unmöglich; und doch ist die litterarische und wissenschaftliche, die politische und soziale Bewegung, die damals in Deutschland anhub, ohne das Ferment künstlerischer Gedanken und künstlerischer Bethätigung nicht denkbar. Keineswegs waren mit dem Hingange der Meister der vergangenen Periode in Deutschland die künstlerischen Gedanken erschöpft oder gar erloschen. Die deutsche Kunst zeigte noch immer ein blühendes Leben, wenngleich der überall bereit liegende Same bei der Ungunst der wechselvollen Zeit zu keinem allgemeinen Wachstum kommen konnte. In der Architektur kommt erst jezt der Profanbau zur vollen Entwickelung, und die dekorative Malerei schmückt die Fassaden mit fröhlicher Farbenpracht. Im Porträt, wie in allen jenen Zweigen, die dem bürgerlichen Leben nahestehen, blüht die Tafelmalerei weiter. Vor allem aber behalten Kupferstich und Holzschnitt nicht nur ihre alte Bedeutung für das Kunstleben, sondern nehmen, durch die illustrierte Litteratur begünstigt, einen ungeheuren Aufschwung.

Dieser Aufschwung hängt mit einer tiefgehenden Wandlung des litterarischen Geschmacks, der sich um die Mitte des Jahrhunderts vollzieht, durch jenen aber mit den religiösen und politischen Wandlungen der Zeit auf das engste zusammen.

Als die Protestanten im Jahre 1552 im Passauer Vertrage die religiöse Duldung und 1555 zu Augsburg endlich den Religionsfrieden erlangt hatten, war die freie Religionsübung überall, in einzelnen Landesteilen sogar die Gleichstellung mit den Katholischen gewonnen.

Damit war der Bann gebrochen, der so lange auf der Nation gelegen hatte und das Leben zu keiner freien Entfaltung hatte kommen lassen. Eine Ruhepause ist eingetreten, welche die in den religiösen und politischen Wirren bisher angespannten Volkskräfte frei macht und auf neue Bestrebungen lenkt. Ueberall regte es sich nun gewaltig. Eine grosse Anzahl tüchtiger Fürsten bemüht sich, ihren Ländern geordnete Zustände, vor allem neue, der Zeit gemässe Gesetze zu geben. In den Städten blühen die Gewerbe auf, und die Bevölkerung wächst durch den Zuzug vom Lande derartig an, dass die Strassen bald zu eng, die Häuser zu klein werden. Man geht an das Neubauen, und aus dieser Zeit stammt nicht nur das heutige Strassennetz der Städte, sondern auch der grösste Teil der alten, bürgerlichen Renaissancehäuser.

Vor allem aber macht sich, wie stets in Zeiten frischen Aufschwungs, auch das Verlangen nach neuer geistiger Nahrung geltend. In der ersten Hälfte des Jahrhunderts waren in Deutschland vor allen anderen die religiösen Bücher, die deutschen und lateinischen Satiren und Pamphlete, unter ihnen besonders die Schriften Huttens, gelesen worden. Keineswegs bringt aber die jetzt eingetretene Ruhe sofort eine Änderung auf diesem Gebiete. Vielmehr benutzen die Protestanten die ihnen gewährte Frist in einer überaus betrübenden Weise. Es entrollt sich vor unseren Blicken ein höchst abstossendes Bild theologischen Haders und dogmatischer Streitigkeiten; in einer Flut von Streitschriften aller Art kommen diese zum Ausdrucke.

Das in seinen religiösen Ansprüchen befriedigte und des Haders müde Volk aber vermochte solchem wüsten und ihm unverständlichen Gezänke nicht zu folgen; anderseits genügten aber auch die alten Volks- und Liederbücher nicht mehr der wachsenden Leselust. Für das in kräftigen Gemeinwesen emporblühende, seiner friedlichen Arbeit frohe Volk hat das Leben einen anderen Inhalt bekommen. Die vergangene Zeit hat dasselbe daran gewöhnt, besorgt nach Neuigkeiten zu forschen, auch von fremden Ansichten zu hören. Dieser Wissensdurst wird in den jetzigen friedlichen Zeiten zwar wieder harmloser, aber statt der in sich gekehrten Lyrik der alten Zeiten verlangt das

Volk nach einer derberen, prosaischen Kost. Bei den Gebildeten fangen jetzt die aus der Fremde eingeführten Romane an, jene Rolle zu spielen, die bis heute andauert; die unteren Klassen aber entsinnen sich nun der alten, heiteren Tierepen, des Eulenspiegel, des Doktor Faust u. s. w. Ins Ungeheure wächst plötzlich die Zahl der Sammlungen jener heiteren und sinnvollen Erzählungen, derben Schwänke und Anekdoten. Neue Stoffe, wie der deutsche Aesop, Bearbeitungen von Ovids Verwandlungen und andere werden dem alten Bestande hinzugefügt.

Und zu dieser neuerwachten Leselust trat dann ergänzend die Bilderfreude des Volkes. Sie nimmt einen solchen Aufschwung, dass Bücher ohne Bilder stellenweise geradezu unverkäuflich werden, und, wie einst zu Beginn des Buchdruckes, müssen selbst Rechtsordnungen, Gesetz- und Rechenbücher mit Bildern geziert werden. Jedes neu herausgegebene oder neu aufgelegte Buch wird jetzt wieder mit Illustrationen und sonstigem Schmuck ausgestattet. —

Die Vorbilder für diesen Bilderschmuck liefern zuerst die grossen Meister der vergangenen Periode, vor allem Dürer und Holbein. Allmählich jedoch macht die Freude am Volkstümlichen, wie bei den Italienern in der Tafelmalerei, so in Deutschland in der Buchillustration, die genrehaften Darstellungen beliebt, und diesem Bedürfnis kommen zuerst zwei Männer entgegen, der Frankfurter Verleger Sigmund Feyerabend und der Nürnberger Maler, Kupferstecher und Holzschneider Virgil Solis.

Die Verbindung dieser beiden Männer führt uns jedoch schon auf den Höhepunkt der Wirksamkeit des Solis. Um diese richtig zu erkennen, bedarf es erst der Untersuchung des Lebens des Meisters und seiner künstlerischen Entwickelung.

Quellen über Solis.

Die älteste Nachricht über Solis findet sich in dem Gedichte, welches Baltasar Jenichen unter das von ihm gestochene Bildnis des Meisters gesetzt hat. Dieses Gedicht hat folgenden Wortlaut:

„Virgilius Solis war ich genannt,
Mein Kunst in aller Welt bekannt.
Mit meiner Hand ich erfurbracht,

Dass mancher Künstler ward gemacht.
Die Künstler mich Vater hiessen,
Ihn zu dienen war ich g'fliessen.
Mit Mahl'n, Stech'n, illumieniren,
Mit Reissen, Aetz'n und Visieren.
Es thät mir's keiner gleich mit Arbeit fein;
Drum hiess ich billig Solis, Allein.
Da ich war in meinem 48 Jahr,
Und 62 die Jahrzahl Christi war,
Fordert mich Gott ab von dieser Welt:
Bin nun unter die Seligen g'zählt." —

In seinen „Nachrichten von Künstlern und Werkleuten" schreibt Neudörfer über Solis, wie folgt:

„Virgil Solis. Dieser Virgilius ist nicht allein ein Illuminist, sondern auch für einen guten Kupfersticher berühmt, wie solches seine Kupferstich anzeigen. Dess Gamalierens ist er also frei und künstlich, dass ich nicht weiss, ob darin seines gleichen gefunden wird."

Neudörfer schrieb seine Nachrichten um 1547 nieder. Die Handschrift ging verloren, doch sind Abschriften mehrfach vorhanden und zum Teil über seinen 1563 eingetretenen Tod hinaus von anderen Händen ergänzt worden. Es fällt auf, dass in diesen Ergänzungen des nach Jenichen 1562 eingetretenen Todes des Solis, welcher damals den grössten Künstlern aller Zeiten zugezählt wurde, nicht gedacht wird. —

Die nächste Nachricht findet sich in Mathias Quad von Kinckelbachs „Teutscher Nation Herrligkeit". Dieses Buch erschien 1609 in Köln und ist im wesentlichen eine fleissige, doch meist ziemlich kritiklose Kompilation anderer Schriften. Immerhin ist sein Urteil in künstlerischen Dingen am selbständigsten. Die Stelle lautet:

Seite 430: „Virgil Solis. under diesen begunte sich das leben der vorfaren algemach zu verlieren und ward der kluge unnd fliegende geist mit darunter gemenget. V. Solis aber ist anno 1562 zu Nürnberg in seinem Heimat gestorben, seines alters 48 Jahr, was ein Mann eines so volligen und überflussigen verstandes das zu verwundern is, wie es ihm muglich gewesen in so kurtzer bezeit ein solche unglaubliche zall kunststucker allein zu figuriren. Ich

geschweig auszustechen, sonderlich weil Ich verstehe, dass er ein
guter Teutscher Zechbruder mit gewesen sei. in der eil zu inventiren stellen und zeichnen ist seines gleichen nicht gewesen. im
Etzen ist er eben rein und fertig gewest. die feinigkeit in holtz
hat ihm keiner vorgethan, auch nach ihm bis noch zu keiner
kommen, ders ihm gleich gethan habe. Seine kupfferen formen
sind so schendtlich under die Fuss kommen, dass zu erbarmen ist.
und sindt deren ein gut theil zu stucken geschnitten und sonst vernichtet worden von welchen noch nie ein Abdruck geschehen."

Daran anschliessend folgt über Jost Amman:

„Jost Amman von Zürich ist Virgilio mit stellen und inventiren
mit sehr ungleich gewest, doch allein in holtz und im etzen, und
hat dem leben mehr gefolgt als einiger seiner zeitgenossen." —

Diese Nachrichten hat Sandrart in seiner „Teutschen Akademie",
Nürnberg 1675--1679, Teil 1, Seite 231 verwertet. Er schreibt:

„Virgilius ist nicht allein ein guter Illuminist, sondern auch
ein guter Kupferstecher gewesen, wie solches seine herrliche Kupferstiche anzeigen. Im Gemähl illuminiren ist er so künstlich gewesen,
dass nicht bald seines Gleichen gefunden wurde." —

Die letzte Angabe bringt endlich Doppelmayer in seiner 1730
zu Nürnberg erschienenen „Historischen Nachricht von den Nürnbergischen Mathematicis und Künstlern", Seite 200:

„Virgilius Solis. Ein Kupferstecher und Illuminist, gebohren in
Nürnberg A. 1514., war er sowohl in Stechen als Illuminiren der
Kupfer ein sehr geschickter Mann und, hierinnen nicht leicht jemand
seines gleichens zu seiner Zeit zu finden", (Vergleiche Sandrart. Der
Verfasser.) „ja er zeigte dabei soviel Fleiss, dass man sich billig
verwundern musste, wie es möglich gewesen, dass er, indeme dieser
sein Alter nicht höher als auf 48 Jahr gebracht, eine so grosse
Anzahl von Kunst-Werken allein zu inventiren, zu Stellen, zu Zeichnen
und die mehreste davon in Holzschnitte und zu Kupfer zu bringen
annoch vermögt." (Vergl. Quad.) „Von seinen Werken, die er ediret,
sind folgende unter den bekanndten. A. 1541 kamen allerhand kleine
Jagd-Friesen in 8vo, darauf 220 Stück von biblischen Figuren" (Die
erste Ausgabe enthielt 147, die zweite und dritte 218 Bilder.) „dann
aber 178 Stück von des Ovidii Metamorphosi, beede in 4to von

ihm an Tag. Endlich kamen noch und zwar einige Jahr nach dessen Todt, nehmlich A. 1566 die Fabeln Aesopi mit seinen Holtzschnitten ausgezieret in 8°· an das Licht.

An Kupffern, was Portraite, allerhand zur Historie gehörige Stücke, verschiedene Friesen, Gefässe, Zierathen und andres angehet, gab er ebenfalls einen ziemlichen Vorrath heraus; nach seinem Todt stellte man auch noch eine und die andere von ihm verfertigte Kupffer-Werke dar, als A. 1565. 53 Figuren aus dem N. Testament zu Frankfurt am Mayn mit kurtzen Argumenten erkläret in 8°·." (Die Ausgabe war in 4° und enthielt 121 Bilder.) „A. 1571 einige Figuren zu einem Beth-Büchlein, betitelt, die Lehre unsers seelig machenden christlichen Glaubens in 8°· zu Nürnberg (Erschien 1568) dann auch gleichfalls allda 1576. die Portraite aller Könige in Frankreich, von Pharamundo bis auf den Henricum III., dazu auch eines andern Künstlers, Jobst Amman's, Fleiss gar vieles mit contribuiret, samt einer beygefügten kurtzen lateinischen Lebens-Beschreibung desselben in 4°·. Starb den 1. August. A. 1562."

Seite 207 heisst es ferner im Leben des Jost Amman: „Er kame im inventiren auch Stellen dem Virgilio Solis ziemlich gleich und folgte dem Leben mehr als jemand seiner Zeit gethan." (Vergleiche Quad.)

In dem Texte sind die falschen Angaben Doppelmayers berichtigt und der Hinweis auf die Quellen, aus denen er schöpfte, in Klammern eingefügt. Doppelmayer, der in Nürnberg 1750 verstorben ist, hat ausser der „Historischen Nachricht" nur Schriften naturwissenschaftlichen Inhalts hinterlassen.

Litteratur über Solis.

Mit diesen Nachrichten ist die Kenntnis, welche die späteren Kunstschriftsteller, vor allem Bartsch und Nagler, von Solis gehabt haben, erschöpft, auch lag jene Kunstperiode, namentlich Bartsch, viel zu ferne, das Werk des Künstlers war viel zu zerstreut und zu ungleich, um jene Schriftsteller zu weiteren Forschungen anzuregen. Die Charakteristik, welche Bartsch und die Späteren von Solis geben, ist daher weder erschöpfend noch im einzelnen immer zutreffend. Die eingehende Beschäftigung mit dem Werke eines Künstlers wird auch unendlich erschwert, sobald man über das Leben desselben nicht genau unterrichtet ist. Erst durch die Kenntnis der Lebensumstände wird vieles in das richtige Licht gerückt, und wo diese fehlt, wird auch die künstlerische Individualität schwer zu fassen sein, um so schwerer, wenn die Thätigkeit des Künstlers, wie bei Solis, mehr in die Breite als in die Tiefe geht. Lückenhaft ist auch das Verzeichnis, das Bartsch von dem Werke des Solis gibt, und trotz der von Nagler gelieferten Nachträge bleibt es immer noch um mehrere Hundert Nummern zu klein. Auch die Zusätze Passavants sind nicht erschöpfend; dass Andresen den Solis im deutschen Peintre-Graveur vergessen hat, ist bereits erwähnt worden.

Von letzterem giebt es jedoch eine Beschreibung der Buchillustrationen des Solis, und zwar in Naumanns „Archiv für die zeichnenden Künste", Band 10, Seite 316. Es sind dies zwar meist nur die Werke, die Andresen als Mitarbeiter an den Weigelschen Kunstkatologen zufällig und flüchtig gesehen hat, doch hat jener Aufsatz immerhin als erster Anhalt einen praktischen Wert.

Spätere gelegentliche Bemerkungen anderer Autoren in Zeitschriften und Werken stehen ausnahmslos auf dem Boden der oben genannten Kunstschriftsteller. Es muss indes bemerkt werden, dass dem Solis ein Teil der mit seinem Monogramm bezeichneten Blätter von Bergau abgesprochen worden ist. Auch hört man wohl den Zweifel laut werden, ob das Monogramm VS dem Solis allein gehöre.

Der neuesten Zeit, welche ihre Forschungen so gern und mit so entschiedenem Erfolge in den Archiven selbst macht, ist es bis jetzt nicht gelungen, die spärlichen Nachrichten über Solis zu ergänzen. Wir kennen nur 2 kleine Funde aus Nürnberger Archiven. Danach leiht sich Virgil Solis, „Maler", im Jahre 1548 vor Zeugen 48 Florin, und 1578 erteilen seine 8 Kinder ihren bisherigen Vormündern über die Verwaltung des ererbten Vermögens die gerichtliche Decharge. Weitere Nachforschungen in Nürnberg und Frankfurt a. M. sind leider erfolglos geblieben. Man wird die Forschungen auf andere, und zwar am ehesten Schweizer Städte auszudehnen haben. Dort hat, wie später gezeigt werden wird, die Wirksamkeit des Solis ihren Anfang genommen.

Herkunft des Solis.

Der Anfang des Solis in Zürich und die Thatsache, dass sich in Nürnberg ausser jenen beiden Nachrichten weitere nicht finden, sowie ferner die künstlerische Entwickelung des Meisters führten dazu, die Angaben des Jenichen und der anderen, offenbar unter sich zusammenhängenden Quellen, kritisch zu betrachten.

Es ist zunächst sehr auffallend, dass sich von Solis, der in Nürnberg geboren sein soll, der dort eine Anzahl Kinder taufen lässt und sich dort auch vermutlich verheiratet hat, nicht irgend welche Nachrichten in den Archiven der Stadt, in den Kirchen- und Bürgerbüchern erhalten haben, sowie ferner, dass sich bei dem Meister nirgends eine Spur von Einfluss der Nürnberger Kunst nachweisen lässt. Als Dürer im Jahre 1528 starb, war Solis bereits 14 Jahre alt. Demnach muss er bei einem unter Dürers Einflusse stehenden Meister in der Lehre gewesen sein. Diesem Einflusse ist er jedoch gänzlich unzugänglich geblieben, ja er befand sich sogar in einem mehr oder weniger bewussten Gegensatze zu demselben. Das ist um so auffallender, als die Stärke des Solis keineswegs in seiner Originalität liegt; wir werden es vielmehr sehen, dass er sich mit Vorliebe und ganz gewohnheitsmässig an fremde Vorbilder hält, und dass ihm gerade die auf den Ausdruck des Seelischen gerichtete Kunst Dürers immer unverständlich geblieben ist. Aber Solis müsste sich sogar jenen Einflüssen durch seine Entfernung entzogen haben, denn im Jahre 1530 finden wir ihn in Zürich thätig. Das ist freilich noch niemals bemerkt worden.

Damit ständen wir aber vor der Thatsache, dass ein junger Nürnberger nach Zürich geht und dort seine künstlerische Ausbildung suchte. Dies ist an sich um so unwahrscheinlicher, als Zürich weder ein besonders bemerkenswertes Kunstleben hatte, noch in Bezug auf die Möglichkeit leichteren Verdienstes mit Nürnberg auch nur annähernd gleichgestellt werden konnte. Der einzige bekannte Künstler, der damals in Zürich lebte, war der keineswegs bedeutende Hans Asper. Dieser konnte keine besondere Anziehungskraft ausüben. Natürlicher scheint es, wenn umgekehrt ein junger Züricher Künstler nach Nürnberg gezogen wäre und dort seine Heimstätte aufgeschlagen hätte, wie es auch der 15 Jahre jüngere Jost Amman gethan hat. Dieser Künstler hat überhaupt mit Solis, wie auch stets betont worden ist, die grösste Aehnlichkeit. Sollte vielleicht zwischen beiden eine nähere Beziehung, sei es gemeinsame Lehrzeit oder gemeinsamer Ursprung, bestehen? Und sollte der jüngere Amman dem älteren Landsmanne nachgezogen sein? Auch die Gesichtszüge mit den langgeschlitzten Augen machen eine fremde Abstammung des letzteren nicht unwahrscheinlich.

Der Zweifel darf daher wohl ausgesprochen werden, ob Virgil Solis wirklich, wie die älteren Schriftsteller einander nacherzählen, von Geburt ein Nürnberger sei.

Noch gewichtigere Bedenken erheben sich jedoch gegen die Angabe des Todesjahrs. Die Untersuchung darüber wird indessen zur Vermeidung von Wiederholungen der Frage, ob das Monogramm $\mathcal{VS}$, resp. die Buchstaben V. S. dem Solis allein gehören, nachzustellen sein.

Das Monogramm $\mathcal{VS}$.

Während die älteren Schriftsteller, unter voller Bewunderung für den grossen Umfang des Werkes, nicht zweifeln, dass dasselbe dem Solis angehöre, macht sich später allmählich eine entgegengesetzte Strömung bemerkbar. Bartsch hebt die grosse Ungleichheit des Werkes hervor und sagt mit Recht, dass ihm eine grosse Schülerzahl geholfen haben müsse, spricht ihm damit aber keineswegs die Berechtigung ab, jene nach seiner Zeichnung, resp. unter seiner Mitwirkung entstandenen Blätter mit seinem Zeichen zu versehen. Erst bei Nagler begegnen wir der Ansicht, dass die Blätter nicht alle von Solis herstammen können, und später ist dann dem Meister ein Teil seiner besten Ornamentblätter entschieden abgesprochen worden. Eine Billigung hat dieses Verfahren jedoch nicht gefunden. Wieweit es sich bei dem Kupferstichwerke des Solis um eigenhändige Blätter oder um fremde Hände, die nach seinen Entwürfen und Zeichnungen arbeiteten, handelt, wird übrigens in einer späteren Arbeit zu untersuchen sein, da es sich hier nur um die Buchillustrationen handelt.

Was diese letzteren betrifft, so ist die grosse Verschiedenheit in der Zeichnung, wie in den ausgeführten Holzschnitten nicht zu verkennen. Aber eine nähere Bekanntschaft mit diesen von 1531 bis 1565 entstandenen Bildern zeigt nicht nur ihre innere Verwandtschaft, sondern gibt auch über die Verschiedenheit, die zwischen seinen früheren und späteren Arbeiten besteht, genügenden Aufschluss. Denn es war Bartsch und seinen Nachfolgern entgangen, dass Solis seine Holzschnittbilder ohne Ausnahme kopiert, und zwar, bei aller Freiheit, mit einer merkwürdigen Anschmiegung an seine Vorbilder. Dieser Umstand erklärt am einfachsten die grosse Verschiedenheit der Bilder.

Bei einem Teile der Holzschnitte ist es durch das dem Monogramm des Solis beigefügte Zeichen des Formschneiders erwiesen, dass Solis dieselben nicht selbst geschnitten, sondern nur gezeichnet hat. Es wird ihm aber auch hier und da die Autorschaft eines Teils dieser Zeichnungen abgesprochen. Dieses scheint jedenfalls so lange unberechtigt, als nicht andere Künstler nachgewiesen werden, welche sich desselben charakteristischen Monogramms bedient haben. Es ist gefährlich und führt in die Irre, einem Künstler eine Arbeit abzusprechen, welche mit seinem Zeichen versehen ist, solange dasselbe nicht auf Grund unzweifelhafter Beweise einem anderen Meister zugewiesen werden muss. Findet sich der Anlass hierzu nur in der augenfälligen Verschiedenheit, sowie in der grossen Ausdehnung des Werkes, so könnte logischerweise weit eher von Fälschungen gesprochen werden. Von solchen wird auch bei dem Abschnitte über die Handzeichnungen zu handeln sein.

Einen Beweis, dass das Monogramm VS dem Solis nicht allein gehören könne, glaubte man freilich darin zu finden, dass ein sehr erheblicher Teil seiner Holzschnitte erst längere Zeit nach seinem Tode erschienen sei. Ist Solis wirklich 1562 gestorben, so wäre diese Thatsache schwer zu erklären. Die uns hier beschäftigende Frage wegen des Monogramms macht eine kurze Erwähnung jener Arbeiten nötig.

In den Jahren 1566/67 erschienen bei Feyerabend der deutsche Aesop, Reineke Fuchs und die Embleme des Alciatus, sowie 1568 in Nürnberg das Betbüchlein. Mann kann nicht annehmen, dass der Künstler, der eine grosse Familie zu ernähren hatte, und der auch auf anderen Gebieten sehr thätig war, eine so bedeutende Zahl von Zeichnungen auf Vorrat hätte machen sollen, und zwar gerade zu einer Zeit, wo er als populärer Illustrator seinesgleichen überhaupt nicht hatte. Auch die andere Ansicht, dass Feyerabend jene Bilder für eine geeignete spätere Verwendung hätte fertigen lassen, ist ganz unwahrscheinlich. Nach den bisherigen Erfolgen lag um so weniger eine Veranlassung vor, die Illustrationen 4—6 Jahre liegen zu lassen, als die Werke, für die sie bestimmt waren, meist schon vorhanden waren und zu den gelesensten der Zeit gehörten. Auch ein Emblembuch ist unter denselben; und dieses mehrere Jahre liegen zu lassen, hätte gar keinen Sinn gehabt, denn dasselbe wandte sich als Modebuch an die unmittelbare Gegenwart.

Es ist somit ganz unwahrscheinlich, dass Feyerabend jene Bilder nicht sofort nach der Fertigstellung verwandt haben sollte, oder dass Solis augenblicklich keinen Abnehmer gefunden hätte. Dagegen würde auch die grosse Nachfrage nach illustrierten Büchern sprechen, wie der von einem so ungewöhnlich scharf blickenden Verleger, wie es Feyerabend war, gewiss vorausgesehene Erfolg, den jene Bilder bei ihrem Erscheinen fanden.

Denn dieser Beifall war ein so grosser und allgemeiner, dass in vielen Städten, hinauf bis zur Ostsee, in kürzester Zeit Kopien erschienen, welche bis tief in das 17. Jahrhundert immer wieder nachgeschnitten wurden. Die grosse Volkstümlichkeit dieser Bilder hat Veranlassung gegeben, Solis und seinen Nachfolger, Jost Amman, die Chodowiecki ihrer Zeit zu nennen, und der Vergleich trifft auch, was die realistischen und volkstümlichen Darstellungen anbelangt, vollständig zu. Durch ihre Lebendigkeit, durch Frische und Humor gehören sie zu dem Besten und Originellsten, was Solis geschaffen hat. Um so weniger wäre es zu verstehen, dass sie erst so lange Zeit nach dem Tode des Meisters erschienen wären.

Jener Widerspruch ist offenbar auch schon den älteren Biographen aufgefallen. Jöcher, in seinem Gelehrten-Lexikon, Leipzig 1751, sagt über Solis, dass er „um 1564 bis 1577 floriert habe". Aehnliches berichten andere Schriftsteller.

Jene auffallende und nicht erklärbare Thatsache muss natur-

gemäss zu einer Prüfung der Angaben führen, die zuerst von
Jenichen über das Todesjahr des Solis gemacht werden.

Das Todesjahr des Solis.

Jenichen ist der Zeit- und Standesgenosse des Solis, doch ist
über seine näheren Lebensverhältnisse nichts bekannt. Von mittelmässiger Begabung, hat er durch eine Reihe zeitgenössischer Bildnisse eine Beachtung gefunden, die ihm seine künstlerischen
Leistungen an sich nicht eingetragen hätten. Neben jene von ihm
gestochenen Bildnisse setzt er in 4 Fällen biographische Angaben.
Diese machen es möglich, ihn auf seine Zuverlässigkeit hin zu
prüfen.

Unter diesen 4 Bildern war der Name des Conrad Klingenbeck,
Andresen No. 20, weder in der deutschen Biographie, noch sonst
zu finden. Die Angaben auf dem zweiten Bilde, Andresen No. 16,
sind richtig, hingegen enthalten die beiden übrigen Bilder Irrtümer.
Auf dem Bildnisse des Conrad Peucer, Andresen No. 29, steht
neben dem Namen des Peucer: „1575, 48 Jahre alt." Da Peucer
1525 geboren ist, steht er 1575 in seinem 50. Lebensjahre.
Geradezu unverständlich sind aber die Irrtümer auf dem Bilde des
Caspar Schwenckfeld, Andresen No. 33. Dieser vielgenannte
Theologe, der sich bald gegen die Katholischen, bald gegen Luther
wandte, lebte von 1490—1561. Die Nachricht des Jenichen lautet:
„Caspar Schwenkfeld. 1565. 45 Jahre alt."

In dieser Beziehung ist also Jenichen keineswegs zuverlässig,
wie auch bei der Gleichgiltigkeit der Zeit gegen biographische
Angaben vorauszusetzen war. Es ist somit nicht ausgeschlossen, dass
er auch das Todesjahr des Solis falsch angegeben hat. Neues
Material musste zur Aufklärung dieser Frage aufgesucht werden.

Dieses fand sich in dem schon erwähnten Betbüchlein, in einem
Geschlechtsbuch, sowie in einer Handzeichnung des Solis.

Das Betbüchlein hat folgenden Titel: „Ein neu kunstlich Betbüchlein: darinnen verfasst ist die Lehr unsers selig machenden
Christlichen Glaubens. Mit schönen Figuren und Gebetlein zugericht, etc. Durch den weitberühmten Vergilium Solis Maler und
Kunststecher seligen zu Nürnberg, kurtz vor seinem Ende verfertiget:

Und durch Verlegung und uncosten Hieronymi Petri Goldschmieds Burgern zu Nürnberg ...... 1568".

Nach den Angaben dieses Titels ist es unwahrscheinlich, dass Solis bereits 6 Jahre vor dem Erscheinen des Buches gestorben sein sollte, und dies findet in der handschriftlichen Eintragung in einem Geschlechtsbuche der Nürnberger Familie der Mützel weitere Bekräftigung. Das auf Pergament gemalte, äusserst vornehm ausgestattete Buch befindet sich in dem Besitze eines Berliner Sammlers. Es hat den Titel: „Geburtsstamb und Genealogie dess Alt herkommenden Geschlechts der Mützel. Anno domini 1567", und trägt auf dem ersten Blatte folgenden Vermerk: „Meister Vergil Solis hat fur der Mützel Geschlechts Buch fl. 50 zu malen bekommen. A. D. 1567". Die Handschrift ist von den Sachverständigen, denen der Verfasser sie vorgelegt, einstimmig als dem 16. Jahrhundert angehörig anerkannt worden. Eine spätere Fälschung ist eben um dieser Jahreszahl wegen ganz unwahrscheinlich.

Wenn auch für sich ohne besonderen Beweiskraft, aber als Beitrag von Interesse, ist eine Handzeichnung im Kupferstich-Kabinett in Berlin. In dem Inventarien-Verzeichnis des königlichen Instituts findet sich unter No. 959 folgende Beschreibung: „Eine Landschaft, im Hintergrunde gegen links Ruinen, im Mittelgrunde rechts ein Fluss, auf dessen jenseitigem Ufer Gebäude und Berge. Federzeichnung in Indigoblau und Grün. Unten in der Mitte 1560 (oder 1566) darunter das Monogramm. 123: 185". Wie andere, liest auch Verfasser 1566. Wenn es 1560 heissen soll, so weicht die Form der Null nach den vorhandenen Proben von der sonst bei Solis üblichen Schreibweise wesentlich ab. Vielleicht las der Verfertiger jenes Inventars zuerst 1560, weil es 1566 nach den bisherigen Annahmen über das Todesjahr nicht heissen konnte.

Auf Grund dieser Ergebnisse sind wir geneigt, das Todesjahr des Solis um 1567 anzunehmen. Wird diese Ansicht als stichhaltig befunden, so sind der Aesop, der Reineke Fuchs und die übrigen Bücher noch zu Lebzeiten oder kurz nach dem Tode des Meisters erschienen, wie es auch ausdrücklich in dem Betbüchlein steht. Das entspricht auch vollständig dem natürlichen Hergange der Dinge. Trotz umständlicher Nachforschungen ist es dem Verfasser nicht gelungen, einen Fall aufzufinden, wo ganze Serien von Illustrationen für volkstümliche Unterhaltungsbücher über ein halbes Jahrzehnt unbenutzt liegen geblieben wären. Ob nun Solis 1562 oder 1567 gestorben ist, jene Illustrationen gehören, wie ein Vergleich mit den früheren Holzschnitten und dem Kupferstichwerk ergibt, unzweifelhaft ihm an, auch kann das Monogramm keinesfalls als ein nach seinem Tode fortgeführtes Werkstattzeichen betrachtet werden. Es ist überhaupt in nach 1568 erschienenen Drucken auf neuen Bildern nicht mehr zu finden.

Hingegen erscheinen nun, wie auch schon früher, eine ungeheure Menge von Nachschnitten, welche sich von 1564 bis 1664 verfolgen liessen, und die fast sämtlich sein Monogramm beibehalten haben. Dass diese zum Teil ganz groben Kopien mit Solis nichts gemein haben können, liegt auf der Hand. Aber es ist sehr wahrscheinlich, dass die älteren, teilweise vortrefflichen Kopien als solche nicht sofort erkannt wurden und dadurch die Verwirrung über das Monogramm mit verschuldet haben.

Charakteristik des Solis.

Bevor wir zu der näheren Betrachtung der Bibelillustrationen schreiten, bedarf es einer Charakteristik des Meisters und einer Würdigung seiner kulturhistorischen Bedeutung. Virgil Solis war ein Künstler von einer grossen formalen Begabung und einer ungewöhnlichen Fähigkeit, fremde Vorbilder in sich aufzunehmen. In der Fähigkeit, diese in freier und oft geistreicher Art wiederzugeben, hat er, was den Umfang seiner Thätigkeit anbelangt, in Deutschland überhaupt niemals seinesgleichen gehabt, aber es muss doch hinzugefügt werden, dass seine Arbeiten weder zeichnerisch, noch inhaltlich durchgebildet sind, und dass ihnen somit der höhere künstlerische Wert abgeht. In ihrer überwiegenden Mehrzahl machen sie einen handwerksmässigen Eindruck, wie sie auch meist für Kunsthandwerker bestimmt waren; ein künstlerisches Gefühl zeigt Solis hier nur insofern, als er sich von den Übertreibungen, welche in der folgenden Zeit überhandnahmen, fast vollständig frei hält. Nur insoweit kann auch von einer Originalität ge-

sprochen werden, denn an sich war er nichts weniger als ein
origineller, naiv schaffender Meister.

Unzweifelhaft hängt dies mit seiner ihm eigentümlichen Begabung zusammen, aber es ist nicht zu verkennen, dass er auch durch die Zeitverhältnisse auf diesen Weg gedrängt worden ist. Ein grosser Bedarf nach Vorlagen für jede Art des Kunstgewerbes muss sich damals geltend gemacht haben, und zwar sind es, entsprechend der damaligen politischen Vorherrschaft der Spanier und Franzosen, hauptsächlich die fremden Moden, die als Vorbilder verlangt wurden. Um diesen Anforderungen zu genügen, konnte der einheimische Künstler nicht frei schaffen, sondern musste nach fremden Mustern kopieren. So besteht das ganze Kupferstichwerk des Meisters aus mehr oder weniger freien Kopien nach den verschiedensten, namentlich französischen und italienischen Vorbildern. Nur da, wo das Volkstümliche nicht durch die fremde Mode beherrscht war, konnte der Künstler selbständig und frei schaffen. Das zeigt sich an seinen Tier- und Jagdbildern, in welchen, unseres Erachtens nach, der Künstler allein Originelles gegeben hat.

Über die Art des Solis geben indess seine Arbeiten für den Holzschnitt bessere Klarheit, als die Kupferstiche. Datenmässig ist hier von Anfang an seine Entwickelung zu verfolgen, und ganz speziell an den biblischen Bildern, die er vom Beginne seiner Thätigkeit an bis zu seinem Tode ununterbrochen gezeichnet hat.

Als er im Jahre 1531 die Bilder für die Froschauer Bibel liefert, sind diese teilweise Pausen, zum anderen Teile ziemlich genaue Kopien nach Holbein. Hier steckt er noch in den Anfängen und klebt an seinem Vorbilde.

Seine nächsten Arbeiten, die in die Nürnberger Zeit fallen, sind Kopien nach Dürer, Schongauer und anderen; sie sind schon erheblich freier. Zum erstenmale klingt hier bei ihm ein erzählendes Element an. Die fromme Würde der Schongauerschen Apostelfiguren ist aus den von Solis gezeichneten Kopien freilich verschwunden, dafür bringt er im Hintergrunde jedes Blattes die Marter des betreffenden Apostels und damit einen Zusatz, der das Vorbild häufig bis zur Unkenntlichkeit ändert. Ähnlich ergeht das seinen anderen Vorbildern, unter denen kaum einer der grossen deutschen Künstler der früheren Periode fehlt. Am respektvollsten muss er mit Dürer verfahren, vermutlich weil sich die Nürnberger ihren Meister nicht verkümmern lassen wollen. Solis kopiert die verschiedenen Passionen und das Marienleben ziemlich genau; es bleiben ihm aber das leidenschaftliche Pathos wie die elegische Stimmung jener grossen Bilderfolgen gleichmässig verschlossen. Diese Kopien sind nichts weiter als Bilder zu einem Text.

Wir sehen also, dass Solis so lange nach den Vorbildern der Künstler der früheren grossen Periode gearbeitet hatte. Offenbar ist er hierzu von dem massgebenden Geschmacke des Publikums bestimmt worden, welches zunächst an den alten Typen festhielt und dadurch dem Epigonen Gelegenheit und Lust benahm, sich selbständig zu versuchen. Aber er ist im Verlaufe der Arbeit bereits wesentlich freier geworden; er kopiert nicht mehr ängstlich und bringt neue, namentlich erzählende Motive, die er anderswo gefunden hat, auf den Bildern an.

Als sich dann der litterarische Geschmack um die Mitte des Jahrhunderts in der bereits angedeuteten Weise zu wandeln begann, genügten die herben und unnahbaren biblischen Typen der alten Meister aber nicht mehr dem leichteren Sinne der neuen Zeit. Seit der Verbindung mit Feyerabend sucht Solis sich neue Vorbilder, und diese findet er naturgemäss dort, von wo sich Deutschland, wie schon früher und auch später, wieder einmal um jene Zeit die neuen Moden zu holen anfängt, in Frankreich. Lyon und die Schule von Fontainebleau liefern die Vorbilder für die heiteren, fast heidnischen Darstellungen der biblischen Figuren. Von dort übernimmt er die modische Pracht der Gewänder und des Gerätes, von dort die eleganten, etwas gereckten Gestalten und endlich am reinsten die reichen, ornamentalen Schätze von Rollwerk und Grottesken für seine Bilder-Umrahmungen.

Diese Umrahmungen führten den Verfasser zuerst darauf, die späteren Vorbilder des Solis in Frankreich zu suchen; die Nachforschungen ergaben bald, dass unter anderen zum Beispiel die Ovidbilder des Solis vergrösserte, aber ganz genaue, gegenseitige Kopien der dem Bernard Salomon zugeschriebenen Illustrationen des Ovid sind, der um 1550 bei Tornes in Lyon erschien. Dieses hat Bartsch, der die Bilder lobend hervorhebt, ebensowenig gesehen, als nach ihm Nagler und Andresen.

Unter demselben Einflusse stehen die biblichen Figuren, wenn diese auch keine direkten Kopien sind. Aber Solis ist jetzt überhaupt schon völlig frei; er kopiert nur noch selten ein ganzes Blatt, ohne zu ändern, zu streichen und Zusätze zu machen. Die Verwandtschaft mit den Franzosen ist aber eine augenfällige, und Bilder mit ähnlichem Sujet decken sich fast vollständig mit den Ovidillustrationen. Dabei ist der in den Nürnberger Bildern erst leicht anklingende, erzählende Ton jetzt vorherrschend; jene Darstellungen für die Bibel sind ganz novellistisch geworden.

Auch für die Umrahmungen der Bibelbilder, die „Leisten", wie sie Feyerabend nennt, sind zahlreiche, selbst unpassende Motive aus Lyoner Bilderleisten entlehnt. Man muss jedoch anerkennen, dass diese freien Kopien grösstenteils äusserst gelungen sind, und dass die jetzigen Vorbilder dem Geschmacke des Solis weit mehr entsprechen als die älteren. —

Der ungeheure Erfolg, den diese für Feyerabend gezeichneten biblischen Darstellungen hatten, ist am besten geeignet, das Verhältnis des Solis zu der zeitgenössischen Kunst zu beleuchten. In diesen Schilderungen, w... später in den Tierbildern, wirkte er vorbildlich. Er hatte dam... uerst dem Volke eine neue Art von Bildern gegeben, die hier in ... er realistischen Darstellung, dort in der heiteren Pracht und ... remässigen Behandlung, dem Geschmacke offenbar ganz entspra... . Mindestens sechsmal sind diese Bilder innerhalb 7 Jahren v... Feyerabend abgedruckt worden; 4 Jahre nach deren erstem E... einen bring... die Quentellsche Offizin in Köln bereits in der Dietenberger Bibel unter Aufgabe der bisherigen schönen Bilder des Anton Woensam und Hans Sebald Beham die Solisillustrationen in vortrefflichen Nachschnitten, und von da ab werden diese Bilder immer von neuem und in immer weiteren Kreisen kopiert. Für die leihweise Ueberlassung der biblischen Figuren zum Drucke einer „Biblia uff Crabatisch und Zirulische sprach" bietet ein ungarischer Magnat die Summe von 200 Gulden. Selbst in Holland werden sie nachgeschnitten, und als später der Kupferstich für die Buchillustration verwandt wird, finden wir die Bilder in Kupfer gestochen. Die Thatsache einer solchen Beliebtheit der Bilder macht eine weitere Auseinandersetzung über die Geschmacksrichtung der damaligen Zeit und die Stellung des Solis innerhalb derselben überflüssig. Weiter ist aber auch zu erkennen, dass diese Bilder in ihrer genremässigen Art etwas stark Weltliches hatten, was keineswegs dem religiösen Sinne aller, am wenigsten der Geistlichen, zusagen mochte. In Wittenberg nannte man diese Darstellungen „lose Figuren und grewliche und ungewöhnliche Bilder". Die Wittenberger Bibilverleger waren freilich durch den Nachdruck der Bibel in ihrem Rechte gekränkt worden, aber auch Feyerabend druckt die Bilder in der Bibel von 1564 nicht wieder ab, „dieweil sie vielen misfallen". Und hier bleibt noch eine beachtenswerte Thatsache festzustellen: das protestantische Gefühl sträubt sich gegen diese genrehaften Darstellungen, bei den Katholiken sind und bleiben sie so beliebt, dass sie in allen mit Illustrationen versehenen Neuauflagen der Dietenberger Bibel bis in das 17. Jahrhundert beibehalten werden. —

Was speziell das rein Technische in den Holzschnitten des Solis anbelangt, so besteht zwar kein Zweifel, dass er auch Formschneider gewesen, doch findet sich auf keinem der vielen, mit seinem Monogramm bezeichneten Bilder das Messer, welches die Holzschneider ihrem Zeichen zuzusetzen pflegten. In den früheren Perioden seiner Thätigkeit kommt dagegen auch niemals das Zeichen eines Holzschneiders vor, wie es später zur Regel wird. Man wird wohl nicht fehlgehen, ihm diese frühen Holzschnitte, also die Züricher und einen Teil der Nürnberger, zuzuschreiben. Er hatte damals noch keine Schüler, welche ihm die Arbeit abgenommen hätten; als junger Geselle fand er seinen Lebensunterhalt als Holzschneider auch am leichtesten.

Vielleicht gehören ihm aus der späteren Zeit jene Holzschnitte an, die neben seinem Monogramm mit einem Messer und einem kleinen Kreuz nebst Nummer versehen sind. Das Zeichen, das übrigens niemals dicht neben dem Monogramm $\sqrt{\jmath}$ steht, wird in dem Verzeichnisse der biblischen Figuren öfter gefunden werden. Eine besondere Bewandtnis muss es mit demselben haben, da wir es einige Male in Kölner und anderen Kopien wiederfinden, wo die übrigen Holzschneidermonogramme ausnahmslos fortgelassen und durch andere ersetzt sind. Solange diese Frage nicht endgültig entschieden werden kann, wird von technischen Eigentümlichkeiten bei den Holzschnitten des Solis nicht gesprochen werden dürfen, wie dies bei den zeichnerischen der Fall ist. Zu diesen gehört zunächst, dass Solis die Gestalten fast ohne Ausnahme nach einer, der rechten Seite mit kurzen Linien schattiert, und dass er Figuren und Gegenstände stets von links beleuchtet, so dass sie den Schatten nach rechts werfen. Dies ist auch bei dem Kupferstichwerk des Meisters der Fall. Die Eile, mit der er arbeitet, lässt ihm gewöhnlich nicht Zeit, die Gesichter, namentlich aber die Hände und Füsse, auszuführen und die letzteren sind daher meist nur in Umrissen gezeichnet. Selten strebt er in den Gesichtern nach einem besonderen Ausdrucke; Haare und Bart behandelt er in Holbeinscher Weise, indem er nur die Haarspitzen ausführt, das Haar selbst aber mit wenig Strichen andeutet. Die Gesichtszüge sind derbe; die Stirn ist hoch und stark nach hinten gewölbt, die Nase etwas eingedrückt.

Es ist schon erwähnt worden, dass Feyerabend die biblischen Figuren für die Bibel von 1564 nicht mehr verwandt hat. Und doch war jene erste Bibel von 1560 der grösste buchhändlerische Erfolg Feyerabends. Freilich hatte er durch Hinzufügen von Registern und Summarien auch sonst wesentliche Verbesserungen gegeben, und er rühmte sich selbst: „zweivels ohn, wob D. Martin Luther seliger noch im Leben, er wurde an solcher arbeyt selbs ein sonderlichs wolgefallen haben." Die Bibel scheint ihm geeignet, sich Gönner und Verbindungen zu schaffen, und er verehrt Fürsten und grossen Herren prachtvolle, von der Hand des Solis illuminierte Exemplare.

Diese Thätigkeit des Solis als Illuminierer von Holzschnitten und Kupferstichen wird von allen alten Biographen besonders hervorgehoben, und man wird das als durchaus berechtigt anerkennen müssen. Verglichen mit gleichzeitigen oder späteren derartigen Erzeugnissen von anderer Hand, wird diesem Teile der Wirksamkeit des Solis uneingeschränkter Beifall zu zollen sein. Mit grossem koloristischen Geschick verbindet er die einzelnen Farben, die er leicht und fein aufträgt und prachtvoll mit goldenen und silbernen Lichtern höht. Hierdurch kommen die Buchillustrationen erst zur vollen Geltung, erreichen die Leisten ihre höchste Wirkung. An letzteren scheint das Rollwerk keineswegs immer klar durchgebildet und konsequent aufgelöst, und man ist geneigt, mitunter an einen Mangel an Verständnis dieser Ornamentformen zu denken. In farbiger Ausführung wird es aber augenfällig, wie schwungvoll und selbst gross sie meistens gedacht sind. Offenbar hat der Künstler bei dem Entwerfen seiner Zeichnungen für Buchillustrationen, wie für Ornamentvorlagen, eine Bemalung im Auge gehabt. Er ist, wie auch seine, soweit bekannt, ausnahmslos farbigen Handzeichnungen erkennen lassen, ein wesentlich koloristisches Talent und, so betrachtet, erklärt sich auch die scheinbare Flüchtigkeit und Unfertigkeit vieler Blätter.

Die von der Hand des Solis illuminierten Blätter und Bücher gehören zu den Seltenheiten. Sie sind offenbar nur für besondere Gelegenheiten gefertigt worden In Nürnberg scheint damals die Sitte bestanden zu haben, dass der Magistrat bei besonderen Gelegenheiten kolorierte Prachtwerke verschenkte. Ein von Solis herrlich illuminiertes Exemplar seines Wappenbüchleins in der Stadtbibliothek zu Frankfurt a. M. soll auf diese Weise in den Besitz der Stadt gekommen sein.

Ueber die Thätigkeit des Solis in der Oelmalerei wissen wir zunächst nichts zu berichten. Dass er sie gleichfalls geübt, scheint nach den Quellen wie nach dem oben Gesagten zweifellos. Für die Vermutungen, welche bei dem Verfasser in dieser Richtung bestehen, wird durch weitere Forschungen erst eine Bestätigung zu suchen sein.

Rekapitulation.

Bevor wir zu der Behandlung der biblischen Illustrationen übergehen, seien die bereits gewonnenen Resultate nochmals zusammengefasst.

1. Die auffallende Thatsache, dass Solis als Nürnberger vollständig

frei vom Einflusse der Dürerschen Kunstthätigkeit geblieben ist, sowie das Fehlen aller archivalischen Nachrichten in Nürnberg, legen die Vermutung nahe, dass er, entgegen der allgemeinen Annahme, kein Nürnberger ist. Nachforschungen über seine frühesten Arbeiten führen zu dem Ergebnis, dass er vor 1531 in Zürich arbeitet.

2. Seit ungefähr 1540 arbeitet er in Nürnberg.

3. Von 1559 bis zu seinem wahrscheinlich 1567 eingetretenen Tode steht er in Verbindung mit Sigmund Feyerabend in Frankfurt a. M.

Die verschiedenen Perioden der Thätigkeit des Solis für Bibelillustrationen.

Im Anschlusse hieran lässt sich die Thätigkeit des Solis für Bibelillustrationen in 3 Perioden scheiden, welche neben der zeitlichen Aufeinanderfolge auch eine allmähliche Zunahme seiner künstlerischen Vollendung erkennen lassen. Es sind dies:

1. die Züricher Periode;
2. die Arbeiten für Nürnberger Buchdrucker;
3. die Verbindung mit Feyerabend.

ad 1. Die Züricher Periode.

Die Züricher Bibel von 1531.

Von dieser Bibel stand zur Verfügung des Verfassers nur das Alte Testament, welches nach dem 3. Buch der Maccabäer mit der histori Susannah und der histori Beel Seite 342 verso abschliesst. Für das Neue Testament konnte die nächstfolgende Ausgabe von 1536 benutzt werden. Diese ist, wie ein Vergleich der beiden Alten Testamente ergab, ein Nachdruck der Ausgabe von 1531. Der Titel ist verändert; ferner sind einige ältere Illustrationen in der Bibel von 1531 durch neue Bilder von Solis ersetzt worden.

Beschreibung des alten Testaments von 1531.

„Die gantze Bibel der ursprünglichen Ebräischen | und Griechischen waarheyt | nach, auffs aller treuli | chest verteutschet. Getruckt zu Zürich bey Christoffel, Froschouer, im Jar als man zalt | 1531. |"

(Druckermarke.) Am Schlusse: „End dess ersten teyls dess Alten Testaments mit sampt den Büchern der geschrifft gemäss, doch nit als Biblisch, oder in gleychem werd, bey den Hebreern gehalten werdend. Getruckt und vollendet bey Christoffel Froschouer, am XII. tag Meyens, in dem Jar, do man zelt 1531."

Folio. Der Titel ist rot gedruckt ond von einer Umrahmung umgeben, welche in 12 Feldern biblische Darstellungen enthält; in dem Felde U. r. (vergleiche das Verzeichnis der Abkürzungen) ist die Erschaffung der Eva dargestellt.

Nach dem Titel folgen 8 unpaginierte Blätter mit Vorreden, Index u. s w. Der Bibeltext selbst nimmt 342 einseitig paginierte Blätter ein. An Illustrationen kommen 136 Stück vor, darunter 15 Wiederholungen. Die Illustrationen gehören 3 verschiedenen Meistern an, davon Solis 92 Stück und die 15 Wiederholungen. Das Monogramm $\mathcal{VS}$ tragen die No. 5, No. 6, No. 7, No. 8. Die nicht dem Solis angehörigen Bilder sind zur besseren Unterscheidung eingerückt worden.

Verzeichnis der Bilder.

1. Erschaffung der Eva. 131 : 174 mm	O. Mon.	pag. 1
2. Der Sündenfall (nicht geg. Kop. nach Holbein) 59 : 84	O.	2
3. Der Brudermord	O.	2 v.
4. Die Sintflut (nicht geg. Kop. nach Holbein)	O.	3 v.
5. Noahs Schande	U. l. $\mathcal{VS}$.	5

Abkürzungen, welche in den Beschreibungen vorkommen:
U. r. bedeutet: Unten rechts.
U. l. „ Unten links.
M. O. „ Mitte oben.
M. U. „ Mitte unten.
geg. Kop. bedeutet: gegenseitige Kopie.
nicht geg. Kop. bedeutet: nicht geg. Kop.
pag. bedeutet: pagina.
r. bedeutet: recto.
v. „ verso.
O. Mon. bedeutet: kein Monogramm.

6. Der Turmban zu Babel (nicht geg. Kop. nach Holb.)	U. r. ℣.	pag. 5 v.
7. Abraham begrüsst die Fremden (nicht geg. Kop. nach Holb.)	U. l. ℣.	8
8. Lot verlässt Sodom	U. l. ℣.	9
9. Isaaks Opferung (nicht geg. Kop. nach Holb.)	O. Mon.	10
10. Das Linsengericht	O.	13 v.
11. Jakob wird gesegnet	O.	14 v.
12. Joseph wird in den Brunnen versenkt (nicht geg. Kop. Holb.)	O.	19 v.
13. Joseph wird ins Gefängnis geworfen	O.	20 v.
14. Joseph deutet den Traum des Pharao (nicht geg. Kop. Holb.)	O.	21
15. Joseph und seine Brüder	O.	22
16. Joseph gibt sich zu erkennen	O.	24
17. Joseph führt die Brüder vor den Pharao	O.	24 v.
18. Jakobs Tod (nicht geg. Kop. Holb.)	O.	25 v.
19. Jakob wird begraben	O.	26 v.
20. Joseph wird begraben (geg. Kop. Holbein)	O.	27 v.
21. Gott erscheint dem Moses (nicht geg. Kop. Holbein)	O.	27 v.
22. Moses und Aaron vor Pharao (geg. Kop. Holb.)	O.	28 v.
23. Moses teilt die Stämme	O.	29
24. Moses und Aaron thun Wunder vor dem Pharao	O.	30
25. Die Plage mit den Fröschen	O.	30
26. Das Viehsterben	O.	31
27. Das grosse Sterben und der Regen	O.	31 v.
28. Die Heuschreckenplage	O.	32
29. Das Sterben der Erstgeburt	O.	32
30. Das Passahfest	O.	32 v.
31. Der Zug durch das Rote Meer	O.	34
32. Moses preist den Herrn	O.	34 v.
33. Das Mannasammeln und Wachtelfangen (geg. Kop. Holbein)	O.	35 v.

34. Moses schlägt Wasser aus dem Felsen . .	O. Mon. pag.	36
35. Amalech streitet wider Israel	O.	36
36. Moses auf dem Berge Sinai (geg. Kop. Holbein)	O.	36 v.
37. Die Bundeslade mit den Schaubroden (geg. Kop. Holbein)	O.	39 v.
38. Die Stiftshütte. 74:74 . . . . . O.		40
39. Das Gerüst der Stiftshütte . . . . O.		40 v.
40. Der tragbare Altar . . . . O.		40 v.
41. Das heilige Gerät . . . . O.		41
42. Aaron mit dem Rauchfass . . . . O.		41
43. Die Anfertigung des heil. Geräts . . . . O.		43
44. Moses zerschlägt die Gesetzestafeln . . . O.		43 v.
45. Die Israeliten kehren sich gegen einander . O.		44
46. Die Einsetzung des Brandopfers (geg. Kop. Holbein) . . . . O.		48 v.
47. Der Tod des Nadeb (geg. Kop. Holb.) . . O.		52 v.
48. Die Einteilung der 12 Stämme (n. geg. Kop. Holbein) . . . . O.		53 v.
49. Das Hüttenlager (n. geg. Kop. Holb.) . . O.		55
50. Die silbernen Trompeten . . . . O.		69 v.
51. Die Kundschafter mit der Weintraube . . O.		71
52. Die Rotte Korah (n. geg. Kop. Holb.) . . O.		73 v.
53. Der grünende Stab vom Stamme Levi . . O.		73 v.
54 wie 34 . . . . O.		75
55. Die eherne Schlange (geg. Kop. Holb.) . . O.		76
56. Bileams Esel . . . . O.		76 v.
57. Josua übernimmt das Richteramt . . . . O.		79 v.
58. Moses predigt in der Wüste (geg. Kop. Holb.) O.		84 v.
59. Moses ermahnt die Israeliten (geg. Kop. Holb.) O.		88 v.
60. Moses mahnt zur Mässigkeit . . . . . O.		92 v.
61. Moses wird beweint . . . . O.		103
62. Josua zieht nach dem Jordan . . . O.		104 v.
63. Der Zug um Jericho . . . . . . O.		106
64. Josua henkt die Könige der Gibeoniter O.		108 v.
65. Josua triumphiert . . . . O.		109 v.

66. Der Sieg über die Kanaaniter (n. geg. Kop.
Holb.) . . . . O. Mon. pag. 116
67. Das Wassertrinken am Horadbach . O. 119 v.
68. Der Sieg über die Midianiter. . . O. 120
69. Simsons Kampf mit dem Löwen . O. 124
70. Simson schlägt die Philister . . . O. 125
71. Simson und die Thore von Gaza . O. 125
72. Simson und Delila . . . . . . O. 125 v.
73. Simson unter den Trümmern . . . O. 126
74. Elkana und sein Weib (geg. Kop. Holb.) O. 131
75. Die Bundeslade in Dagon's Tempel O. 133
76. Sauls Salbung . . . . O. 135 v.
77. Davids Salbung . . . . O. 139
78. David und Goliath . . . . . . O. 140
79. Saul stösst nach David . . . . . O. 143 v.
80. Sauls Tod . . . . O. 147 v.
81. David bezwingt die Philister (nicht geg.
Kop. Holb.) . . . . O. 151 v.
82. Bathseba im Bade . . . . . . O. 152 v.
83. David's Zorn gegen Absalon wird besänftigt (geg. Kop. Holb.) . . . O. 154 v.
84. Absalom's Tod . . . . O. 157
85. Joab tötet Seba (nicht geg. Kop. Holb.) O. 159
86. Bathseba bittet für Salomon (geg. Kop. Holb.) O. 161 v.
87. Salomon empfängt den Baumeister (geg.
Kop. Holb.) . . . . O. 165
88. Der Tempel Salomos . . . . . O. 165 v.
89. Der Palast Salomos . . . . . O. 166
90. Der Vorhof des Tempels . . . . O. 166
91. Das eherne Meer . . . . O. 166 v.
92. Das fahrbare Gestühl . . . . . O. 166 v.
93. Salomon auf dem Throne . . . O. 169 v.
94. Jerobeams Tod (geg. Kop. Holb.) . . O. 172
95. Elias Opfer (geg. Kop. Holb.) . . . . O. 174 v.
96. Elisa, von den Knaben verspottet (nicht
geg. Kop. Holb.) . . . . . . O. 179

97. Joas wird König (geg. Kop. Holb.) . .	O. Mon. pag.	184 v.
98. Achas opfert Gott (geg. Kop. Holb.) . .	O.	187 v.
99. Die Vorlesung des Buches des Bundes (geg. Kop. Holb.)	O.	191 v.
100. Die Aufzählung der Geschlechter (geg. Kop. Holb.)	O.	193 v.
101. Die Philister nehmen Sauls Haupt (nicht geg. Kop. Holb.)	O.	198 v.
102. Salomon betet (geg. Kop. Holb.) . . .	O.	207 v.
103. Salomon ermahnt das Volk (geg. Kop. Holb.)	O.	209 v.
104. Die Plünderung des Tempels	O.	213
105. Der Engel zerstört das Heer der Assyrer	O.	222 v.
106. Die Heimkehr aus der assyrischen Gefangenschaft (geg. Kop. Holb.) . .	O.	225 v.
107. Das Osteressen (geg. Kop. Holb.) . .	O.	226 v.
108. Esther vor Ahasver (geg. Kop. Holb.) .	O.	238 v.
109 wie 108	O.	241 v.
110. Die Jünglinge vor Darius	O.	243 v.
111 wie 101	O.	262 v.
112 wie 103	O.	270 v.
113. Tobias wird blind (geg. Kop. Holb.) . .	O.	291
114. Tobias und der Fisch	O.	292 v.
115. Tobias wird sehend	O.	294
116 wie 100	O.	295 v.
117. Judith zieht in das Lager des Holofernes (geg. Kop. Holb.)	O.	303
118. Judith steckt das Haupt des Holofernes in den Sack (geg. Kop. Holb.) .	O.	304
119. Das Haupt des Holofernes auf der Mauer	O.	305
120 wie 14; 121 wie 109; 122 wie 105.		
123. Der Tod des Antiochus	O.	309 v.
124. Mathatias ermahnt seine Söhne . .	O.	310
125 bis 131 Wiederholungen!		
132. Die Zeichen über Jerusalem (geg. Kop. Holb.)	O.	326 v.
133. Die Eroberung von Jerusalem	O.	326 v

134. Der Tod der 7 Brüder	O. Mon. pag.	327 v.
135. Die Geschichte der Susanna (geg. Kop. Holbein)	O.	341
136. Daniel in der Löwengrube (geg. Kop. Holb.)	O.	341 v.

Diejenigen Bilder, welche nicht nach Holbein kopiert sind, hat Solis nach der Wittenberger Bibel und nach Lyoner Vulgata-Ausgaben gefertigt. Die Kopien nach Holbein sind meist genau. Nur einzelne zeigen Abweichungen. So ist auf No. 58 Moses nicht gegenseitig, seine Umgebung aber von der Gegenseite kopiert.

Die Züricher Bibel von 1536.
Beschreibung des Alten Testaments.

Titel: „die gantze | Bibel, das ist alle Bucher allts | unnd neuws Testaments, den ur- | sprünglichen spraachen nach, auffs | aller treuwlichst verteutschet. darzu sind jetzund kommen ....., Argumenten, Zalen und Figuren. | Getruckt zu Zürich bey Christoffel Froschouer, im Jar als man zalt : 1536. |"

Am Schlusse: „End des ersten teyls der Bibel."

Titelblätter u. s. w. sind wie das Alte Testament von 1531. Der Text schliesst mit dem 3. Buch Machabeorum pag. 341 recto ab. Die Bilder sind bis auf die Nummern 38—41, welche durch Bilder gleichen Inhalts von Solis ersetzt sind, die alten geblieben.

Beschreibung des zweiten Teils.

Titel: „der ander teyl dess Alten Te staments mit sampt dem | Neiwen. 15 (Druckermarke) 36. Getruckt zu Zürich bey Christoffel Froschouer. "

Am Schlusse: „Getruckt zu Zürich bey Christoffel Froschouer, und | vollendet am sechszehenden tag des Mertzens Im jar | 1536. "

Fol. Der rot und schwarz gedruckte Titel hat eine Umrahmung, auf deren unterer Leiste ein nach l. ziehender Kriegszug dargestellt ist. Von den 64 Illustrationen gehören dem Solis 27 Bilder, wozu noch 7 Wiederholungen kommen.

Verzeichnis der Bilder.

137. Hiob auf dem Düngerhaufen	O. Mon. pag.	2
138. Hiob ist geheilt	O.	15 v.
139. David spielt die Harfe	O.	16

140 wie 102	O. Mon.	pag. 19
141. Jesaias weint über Jerusalem (geg. Kop. Holb.)	O.	25
142. Von der Sündhaftigkeit der Menschen (geg. Kop. Holb.)	O.	28 v.
143. Davids Lobgesang (geg. Kop. Holb.)	O.	36 v.
144. Die Dreieinigkeit in den Wolken (nicht geg. Kop. Holb.)	O.	45
145 wie 99, 146 wie 104.		
147. Christus und die Kirche (geg. Kop. Holb.)	O.	70 v.
148 wie 141	O.	72 v.
149. Gott erscheint dem Jesaias (geg.Kop. Holb.)	O.	75
150. Das Horoskop des Ezechiel (nicht geg. Kop. Holb.)	O.	87
151. Gott erscheint dem Jeremias	O.	99
152. Baruch schreibt die Predigten des Jeremias	O.	119
153 und 154 Wiederholungen.		
155. Jeremias weissagt den Juden	O.	122 v.
156. Wiederholung.		
157. Gott erscheint dem Ezechiel (nicht geg. Kop. Holb.)	O.	132
158. Das östliche Thor von Jerusalem (nicht geg. Kop. Holb.)	O.	153
159. Die Darstellung des Altars (nicht geg. Kop. Holb.)	O.	154 v.
160. Jerusalem (nicht geg. Kop. Holb.)	O.	157
161. Die 3 Jünglinge im Feuerofen (geg. Kop. Holb.)	O.	159 v.
162. Der Traum Daniels (nicht geg. Kop. Holb.)	O.	162 v.
163. Daniel und der Engel (geg. Kop. Holb.)	O.	163
164. Die Stammtafel des Alexander (nicht geg. Kop. Holb.)	O.	165
165. Hoseas und sein Weib (geg. Kop. Holb.)	O.	166 v.
166. Joels Weissagung (geg. Kop. Holb.)	O.	170
167. Amos, predigend	O.	171 v.
168. Gott erscheint dem Amos	O.	174

169. Der Engel erscheint dem Abdias . . . O. Mon. pag. 175
170. Jonas wird über Bord geworfen . . . O. 175 v.
171. Jonas predigt in Ninive (geg. Kop. Holb.) O. 176 v.
172. Das Gesicht des Zacharias . . . . . O. 183
173 bis 179 sind Bilder, die nicht dem Solis angehören.
180 bis 200. Die Apokalypse nach Holbein, gleichfalls nicht von Solis.

Die Bibel enthält somit im ganzen, ausser dem Schmuck an Titelblättern und Initialen verschiedener Herkunft, 200 Holzschnitte, welche nach Ausführung und Format 4 verschiedenen Meistern angehören. Das Monogramm des Solis tragen 4 Bilder. Diese, wie die übrigen mit ihnen in technischer Ausführung zusammenhängenden Bilder, sind, wie schon erwähnt, zum überwiegenden Teil, Kopien nach Holbein, nach der Wittenberger Bibel und nach Lyoner Vulgata-Ausgaben. Diese letzteren konnten leider nicht direkt mit den Kopien des Solis verglichen werden.

Die Züricher Bibel ist eine selbständige Bibelübersetzung, welche Christoph Froschauer im Jahre 1529 ausführen liess. Grössenteils versah er sie mit neuen Illustrationen, der Rest sind ältere Holzschnitte, die bereits in den vorhergegangenen Nachdrucken der Wittenberger Bibel vorkommen. Froschauer zeigt zwar seit Beginn seiner Thätigkeit als Buchdrucker eine grosse Vorliebe für Illustrationen, doch erreicht er erst in jener Bibel von 1531 einen einigermassen gleichmässigen Bilderschmuck. Die früher gebrauchten Holzstöcke zeigen durch ihre grosse Verschiedenheit, wie sie von allen Seiten zusammengeholt sind. Dies beweist am besten, dass zu jener Zeit in Zürich eine Holzschneideschule, welche Solis hätte anziehen können, nicht gewesen sein kann.

In Bezug auf jene Bilder, welche teilweise mit dem Monogramm des Solis versehen sind, ist schon bemerkt worden, dass Verfasser dem Künstler auch die Ausführung zuschreibt. In der Zeichnung aber kündigt sich schon der Solis der späteren Zeit an, und man erkennt an der Art, wie er Holbein kopiert, den Weg, den er später nehmen wird. Zum Teil kopiert er ganz genau, bei anderen Bildern wirft er hier und da schon die Fesseln ab und versucht, freier zu arbeiten. Wie er auf No. 59 einen Teil der Figuren nach der Gegenseite, den anderen Teil im Sinne des Originals copiert, ist schon erwähnt worden; auf No. 99 gibt er als genrehafte Zusätze eine spielende Maus und, bei dem Altarfener, herumsprühende Funken. In No. 11 ist im wesentlichen nur noch der Hintergrund mit der Jagd Esaus als Kopie nach Holbein deutlich erkennbar.

Auf die tieferen Eigenheiten der Holbeinschen Bilder einzugehen, ist aber nicht Sache des Solis. Seiner formalen Begabung entsprechen jene plastischen Gestalten mit ihrer packenden Natürlichkeit; der geistige Inhalt derselben ist ihm aber nicht verständlich oder nicht sympathisch.

Die Holzschnitte des Solis finden sich in den späteren Bibelausgaben von 1539, 1551, 1560 wieder. Auch in anderen Ausgaben, die der Verfasser nicht gesehen hat, werden sie verwandt sein. Es ist auch sehr wahrscheinlich, dass Solis noch weitere Arbeiten für Froschauer geliefert hat, doch ist dem Verfasser bis jetzt nur ein Fall bekannt geworden. In Stumpff's Schweizer-Chronik, Zürich 1548, finden sich neben den Solisbildern der Bibel von 1531 eine grössere Anzahl von Schlachtenbildern. Unter diesen trägt der Kampf an einer Brücke, pag. 138 recto und an anderen Orten, das Zeichen des Solis. Eine nähere Beschreibung würde aus dem Rahmen dieser Arbeit fallen; es sei nur erwähnt, dass es bis jetzt nicht gelingen wollte, eine frühere Benutzung dieser Holzstöcke, für die ihre Abnutzung spricht, festzustellen.

Dass die Thätigkeit des Solis für Froschauer in Zürich bisher nicht bemerkt ist, ist schon erwähnt worden.

ad 2. Die Nürnberger Periode.

Diese Periode dürfte etwa um 1540 beginnen. In die erste Hälfte derselben fällt zunächst der beste Teil des Kupferstichwerkes des Meisters, wie gelegentliche Datierungen, die zuerst 1540 vorkommen, erkennen lassen. Offenbar nahm ihn dieser Teil seiner Thätigkeit zuerst ganz in Anspruch, denn bis zum Jahre 1553 kommen nur in der Kirchenordnung des Pfalzgrafen Otto Heinrich, Nürnberg 1543, ein paar Buchillustrationen vor. Diese sind so gelungen, dass es zu verwundern wäre, wenn die Nürnberger Buchdrucker das vielversprechende Talent nicht öfter benutzt haben sollten. Es ist uns aber kein anderes Buch bekannt geworden, welches Solisillustrationen enthält. Um 1553 erscheint dann ein Symbolum der Apostel ohne Datum und wahrscheinlich damit zugleich das Passional von 1553.

Beschreibung der Kirchenordnung von 1543.

Titel: „Kirchenordnung, Wie es mit | der Christlichen Lehre, heiligen Sacramenten, | und allerley andern Ceremonien, in mei nes gnedigen herrn, Hern Otthain | richen, Pfaltzgraven bey Rhein, Hertzogen im Nidern und | Obern Bairn etc. Fürsten ' thumb gehalten wirt. | 1543.|" Am Schlusse: „Gedruckt zu Nürenberg, durch | Johann Petrejum, Anno | 1543. "

Fol. Der Titel ist schwarz gedruckt und mit dem pfälzischen Wappen geschmückt. Es folgen 5 Seiten mit dem Erlass Otto Heinrichs an die Geistlichkeit; daran anschliessend die in zwei Teile zerfallende Kirchenordnung und als dritter Teil eine Auslegung des Katechismus. Der erste Teil enthält 35, der zweite 53, der dritte 85 einseitig pag. Blätter. Am Schlusse befindet sich auf 2 Seiten das Register. Vor jeden Teile befindet sich eine Illustration.

Beschreibung der Bilder.

1. Vor dem ersten Teile. In einer architektonischen Umrahmung Christus am Kreuze, unten die wehklagenden Frauen, Johannes und ein Kriegsknecht. Im Hintergrunde ist das Lager der Israeliten mit der ehernen Schlange.
249 : 145 mm. M. U. $\mathcal{Y}$.
In der Umrahmung: 1542.
2. Vor dem zweiten Teile. Die Kreuzigung von Mathias Geron, Passavant III, pag. 307, No. 10.
245 : 143. Monogramm M. U. In der Umrahmung: 1542.
3. Im zweiten Teile, pag. 23 v. Christus bricht beim heil. Abendmahl das Brot; l. entfernt sich Judas. Die Handlung ist in einem gewölbten Raume dargestellt, dessen Säulen zugleich die Einfassung bilden. Oben ist eine Leiste mit der Darstellung Christi am Oelberge.
242 : 142. U. r. $\mathcal{Y}$.
4 wie No. 1. Vor dem dritten Teil.

Diese Bilder des Solis sind Bartsch und Nagler unbekannt geblieben. Sie sind schön gezeichnet und namentlich No. 1 ist vortrefflich geschnitten. Ein Vorbild war nicht festzustellen.

Das Symbolum der Apostel. (Ohne Datum.)

Titel: „Das Symbo | lum der Heyligen ' Apostel, darinnen der | grund unsers Christli ' chen Glaubens gelegt | ist. Aussgelegt ' Durch ¦ D. Mar. Luth. | Gedruckt zu Nürnberg, ¦ durch Valentin Geyssler. "

8. Der schwarz gedruckte Titel steht in einer Umrahmung, in deren Seitenleisten eine Verkündigung der Maria dargestellt ist. Oben l. und r. stehen verteilt V. G., die Buchstaben des Buchdruckers Valentin Geyssler. — Eine Schlussbemerkung fehlt.

Der Text befindet sich auf 13 unpaginierten Blättern: dazwischen stehen die Bilder. Dieselben haben, wie schon früher bemerkt, im Hintergrunde stets eine Darstellung der Marter des betreffenden Apostels.

Verzeichnis der Bilder.

1. Petrus. 80 : 118 . . . . O. l. VS. pag. A 2 v.
2. Andreas (geg. Kop. nach Schongauer. Bartsch 35) . . . . O. l. VS. A 4
3. Jacobus major (geg. Kop. Schongauer B. 36) . . . . O. r. VS. A 5
4. Johannes (geg. Kop. Schong. B. 37) . O. r. VS. A 6
5. Philippus (geg. Kop. Schong. B. 38) . . O. l. VS. A 7
6. Bartholomäus (geg. Kop. Schong. B. 39) O. r. VS. A 8
7. Thomas . . . . O. l. VS. B
8. Matthäus . . . . O. r. VS. B 2
9. Jacobus minor . . . . O. r. VS. B 3
10. Simon (geg. Kop. Schong. B. 43) . . . O. r. VS. B 4
11. Judas Thaddäus (geg. Kop. Schong. B. 42) O. r. VS. B 5
12. Matthias (geg. Kop. Schong. B. 41) . . O. VS. B 6

Das Passional von 1553.

Titel: „Passio unsers Herrn Jhesu Christi, Auss den vier Evangelisten gezo gen, Mit schönen Fi guren geziert. Mit schönen Christlichen andechtigen gebeten, einem jeden Christen sehr nutzlich zu lesen."

Am Schlusse: „Gedruckt zu Nürenberg, durch Valentin Geyssler. Anno 1553."

8. Der schwarz und rot gedruckte Titel steht in einer Umrahmung, mit den Figuren der Apostel Paulus und Petrus in den Seitenleisten. Oben stehen wieder die Buchstaben V. G.

Nach 5 Seiten Vorrede folgt auf jedem der unpaginierten Blätter recto der Text, verso das Bild.

Verzeichnis der Bilder.

1.	Die Schöpfung. 117:80	U. r. VG.	pag. A 4 v.
2.	Die Erschaffung des Adam	U. l. VG.	A 5 v.
3.	Der Sündenfall	Halbe Höhe l. VG.	A 6 v.
4.	Die Vertreibung aus dem Paradiese (nicht geg. Kop. Dürer, kl. Holzschn.-Pass. Bartsch 18)	M. O. VG.	A 7 v.
5.	Die Sintflut	nach U. l. VG.	A 8 v.
6.	Lot verlässt Sodom	U. l. VG.	B v.
7.	Das Osteressen der Juden	M. U. VG.	B 2 v.
8.	Der Zug durch das Rote Meer . . .	U. l. VG.	B 3 v.
9.	Gott gibt dem Moses die Gesetzestafeln	M. U. VG.	B 4 v.
10.	Das Mannasammeln	U. r. VG.	B 5 v.
11.	Die eherne Schlange	Am Stamme O. VG.	B 6 v.
12.	Die Verkündigung. (Dürer, kl. Holzschn.-Pass. B. 19, nicht geg. Kop.)	Am Betpult VG.	B 7 v.
13.	Maria besucht Elisabeth . . .	Halbe Höhe l. VG.	B 8 v.
14.	Die Anbetung durch die Hirten. (Dürer, kl. Holzschn.-Pass. B. 20, geg. Kop.)	U. l. VG.	C v.
15.	Die Beschneidung. (Dürer, Marienleben. B. 86, geg. Kop.)	M. U. VG.	C 2 v.
16.	Die heil. drei Könige. (Dürer. B. 3, nicht geg. Kop.)	U. l. VG.	C 3 v.
17.	Der Kindermord in Bethlehem . . .	O. r. VG.	C 4 v.
18.	Die Darbringung im Tempel. (Dürer, Marienleben, B. 88, geg. Kop.) . .	O. r. VG.	C 5 v.

19. Christus als Knabe, im Tempel lehrend
(ebenso. B. 91) . . . . U.l. ℔. pag. C 6 v.
20. Johannes predigt die Taufe . . . . . M.U. ℔. C 7 v.
21. Die Taufe Christi . . . . U.r. ℔. C 8 v.
22. Die Versuchung Christi . . . . . . O.r. ℔. D v.
23. Die Hochzeit zu Kanaan . . . . . . O.l. ℔. D 2 v.
24. Herodias mit dem Haupte des Täufers
Halbe Höhe l. ℔. D 3 v.
25. Christi Einzug in Jerusalem. (Dürer, kl.
Holzschn.-Pass. B. 22, n. geg. Kop.) M.O. ℔. D 4 v.
26. Christus wäscht Petrus die Füsse. (Dürer,
B. 25, geg. Kop.) . . . . . . M.O. ℔. D 5 v.
27. Das heil. Abendmahl. (Dürer, B. 24, geg.
Kopie) . . . . O.r. ℔. D 6 v.
28. Christus am Oelberge. (Dürer, B. 26,
geg. Kop.) . . . . U.l. ℔. D 7 v.
29. Die Gefangennehmung Christi. (Dürer, B.27,
nicht geg. Kop.) . . . . U.l. ℔. D 8 v.
30. Christus vor Kaiphas. (Dürer, B.29, geg. Kop.) U.l. ℔. E v.
31. Christus vor den Aeltesten. (Dürer, B. 31,
geg. Kop.) . . . . U.l. ℔. E 2 v.
32. Christus vor Herodes. (Dürer, B. 32, geg.
Kopie) . . . . M.U. ℔. E 3 v.
33. Die Geisselung Christi. (Dürer, B. 33, nicht
geg. Kop.) . . . . U.l. ℔. E 4 v.
34. Die Dornenkrönung. (Dürer, B. 34, geg.
Kopie) . . . . M.U. ℔. E 5 v.
35. Die Verspottung Christi. (Dürer, B. 35,
geg. Kop.) . . . . M.U. ℔. E 6 v.
36. Christus und Pilatus. (Dürer, B. 36, geg.
Kopie) . . . . M.U. ℔. E 7 v.
37. Die Kreuztragung. (Dürer, B. 37, geg. Kop.) U.l. ℔. E 8 v.
38. Christus wird ans Kreuz geschlagen. (Dürer,
B. 39, geg. Kop.) . . . . O. E v.
39. Christus am Kreuze. (Dürer, B. 40, geg.
Kopie) . . . . M.U. ℔. F 2 v.

40. Der heil. Leichnam beweint. (Dürer, B. 43,
geg. Kop.) . . . . U. r. ❦. pag. F 3 v.
41. Die Grablegung. (Dürer, B. 44, geg. Kop.) U. l. ❦. F 4 v.
42. Die Auferstehung. (Dürer, B. 45, geg. Kop.) U. l. ❦. F 5 v.
43. Die heil. Frauen am Grabe . . . . . M. U. ❦. F 6 v.
44. Christus als Gärtner. (Dürer, kl. Holzschn.-
Pass., B. 47, geg. Kopie.) Auf der Schaufel ❦. F 7 v.
45. Christus zeigt Thomas die Wundmale.
(Dürer, B. 49, nicht geg. Kop.) O. nach r. ❦. F 8 v.
46. Die Himmelfahrt Christi. (Dürer, B. 50, geg.
Kopie) . . . . M. U. ❦. G v.
47. Die Ausgiessung des heil. Geistes. (Dürer,
B. 41, geg. Kop.) . . . . M. U. ❦. G 2 v.
48. Die Jünger ziehen in die Welt . . . . U. r. ❦. G 3 v.
49. Christus am jüngsten Tage. (Dürer, B. 52,
nicht geg. Kop.) . . . . O. G 4 v.
50. Davids Gebet . . . . U. l. ❦. G 5 v.

Von den Bildern des Passionals gibt es sehr seltene Abdrücke ohne Text. Bartsch erwähnt pag. 219 unter No. 14 davon 18 Blätter, die er deshalb für eine geschlossene Folge hielt, weil sie allein die gegenseitigen Kopien nach der kleinen Holzschnitt-Passion Dürers sind. Die übrigen 32 Blätter mochte er ihrer sehr verschiedenen Herkunft wegen nicht in diese Folge hineinrechnen. Er erwähnt sie unter No. 2, pag. 218 mit 33 Blättern. Trotz dieser um 1 Blatt differierenden Zahl müssen diese Holzschnitte gemeint sein, da in dieser Grösse sonst keine weiteren von Solis vorkommen.

Bei der Aufzählung der Bilder ist auf die Vorbilder, deren sich Solis bediente, teilweise hingewiesen. Unzweifelhaft sind die anderen Bilder gleichfalls Kopien, wenn es auch trotz vielen Suchens nicht immer gelingen wollte, dafür die Vorbilder zu finden. Solis scheint es förmlich darauf abzusehen, das Original nicht erkennen zu lassen, und macht bei Dürer wohl nur die Ausnahme, weil der grosse Nürnberger in seiner Vaterstadt besonders geschont werden musste. Sonst lässt er bei seinen Kopien wie absichtlich gerade die auffallenden und charakteristischen Partien aus den Vorbildern fort. Anklänge an Bekanntes findet sich auf allen Bildern, doch hat Verfasser es vorgezogen, nur die absolut sicheren Vorbilder in dem Bilderverzeichnis zu erwähnen.

Das Passional und Symbolum sind mehrfach neu aufgelegt worden, doch war es leider nicht möglich, schon jetzt diese verschiedenen Auflagen mit den Solisbildern annähernd sicher zu bestimmen, geschweige denn zu vergleichen. Die Bibliotheken legen bis jetzt nur Wert auf die Verfasser der Bücher; die Künstler, welche bei der Herstellung mitgewirkt haben, werden nicht beachtet, obwohl die Ausstattung in vielen Fällen weit wichtiger ist als der veraltete Text. Häufig genug findet sich nicht einmal ein Vermerk, ob irgend welche künstlerische Ausstattung in einem Buche vorhanden ist, und es hängt vom Zufalle ab, ob man ein Werk mit den Illustrationen eines bestimmten Künstlers findet. Später hofft der Verfasser ein vollständiges Verzeichnis der von Solis illustrierten Bücher geben zu können.

Von den späteren Auflagen jener oben beschriebenen Andachtsbücher müssen noch zwei Drucke genannt werden, welche wahrscheinlich die ersten Kopien nach Solis enthalten.

Im Jahre 1562 erschienen in Nürnberg ein Hortulus animae und ein Passional, welche grösstenteils mit gegenseitigen Kopien nach dem Passional von 1553 und dem Symbolum der Apostel ausgestattet sind. Es befinden sich auch einige neue Bilder darunter, doch auch diese müssen Kopien nach Solis sein. Dass er diese Bilder nicht selbst gefertigt hat, ist aus inneren und äusseren Gründen zu erkennen. Seit spätestens 1559 arbeitet er, wie auch das datierte Bild (No. 52 der Biblischen Figuren von 1562) erkennen lässt, für Feyerabend und damit musste es ihm an Zeit für andere Arbeiten fehlen. Hätte er aber selbst diese Zeit gefunden, so ist es nach dem ungeheuren Erfolge jener Biblischen Figuren ganz unwahrscheinlich, dass er wieder in die trockene und altmodische Art der Bilder von 1552 zurückverfallen sein sollte.

Wir nehmen daher an, dass die Nürnberger Verleger, durch Feyerabends grosse Erfolge von 1560 ermuntert, jene Illustrationen von 1562 nach Solis fertigen liessen. Nachstehend geben wir eine Beschreibung dieser Bücher.

Hortulus animae von 1562.

Titel: „Hortulus animae. Lustgarten der Seelen. Sampt dem Passional Jesu Christi. Mit schönen lieblichen Figuren gezieret. 1562. "
Am Schlusse: „Gedruckt zu Nürnberg durch Valentin Newber." (Druckermarke).

8. Der schwarz und rot gedruckte Titel ist in einer Umrahmung mit der Kreuzigung in der oberen Leiste. Jede Seite hat eine altertümliche Einrahmung in Metallschnitt erhalten. Offenbar folgte der Verleger auch in der Verwendung der Leisten dem von Feyerabend gegebenen Beispiele.

Die 3 ersten Blätter bringen eine Widmung des Georg Rhaw an seine Töchter, datiert Wittenberg 1557. Der eigentliche Text steht auf 152 unpaginierten Blättern; er enthält 53 Illustrationen.

Verzeichnis der Bilder.

1. Die Dreifaltigkeit. 83 : 61 mm (geg. Kop. Holbein. Frellon 1547.) . . O. Mon. pag. A 5 v.
2. Die Schöpfung . . . . O. C 3
3. Christus am Kreuze. (Dürer, kl. Holzschn.-Pass. B. 40, nicht geg. Kp.) O. D v.
4. Die Anbetung durch die Hirten. (Dürer, kl. Holzschn.-Pass. B. 20, geg. Kop.) O. D 7 v.
5. Die Dornenkrönung. (Dürer, kl. Kupferstich-Pass. B. 9, n. geg. Kop.) . . U. I. $\mathcal{F}$. E 5
6. Die Auferstehung Christi. (Dürer, kl. Holzschn.-Pass. B. 45, n. geg. Kop.) U. I. $\mathcal{F}$. F 2 v.
7. Die Himmelfahrt. (Dürer, kl. Holzschn.-Pass. B. 50, geg. Kop.) . . . . O. F 7
8. Christus am jüngsten Tage. (Dürer, kl. Holzschn.-Pass. B. 52, geg. Kop.) O. G 3 v.
9. Die Ausgiessung des heil. Geistes . . O. G 8
10 wie 9 . . . . O. J 7
11. Die Anbetung Gott Vaters und des heil. Geistes . . . . O. K 4 v.

12. Christus am Oelberge. (Dürer, kl. Kupferstich-Pass. B. 4, nicht geg. Kop.)   U. r. ♈︎.   pag. L 4 v.
13—19 sind Wiederholungen.
20. Die Gefangennehmung Christi. (Dürer, kl. Kupferst.-Pass. B. 5, n. geg. Kop.)   O.   S 3
21. Christus vor Kaiphas.(Dürer,kl. Kupferst.- Pass. B. 6, nicht geg. Kop.) . .   O.   S 4
22. Christus vor den Ältesten. (Dürer, kl. Kupferst.-Pass. B. 7, nicht geg. Kop.)   O. r. ♈︎.   S 5 v.
23. Christus vor Herodes. (Dürer, kl. Holzschnitt-Pass. B. 32, nicht geg. Kop.)   M. U. ♈︎.   S 6
24 wie 5 . . . .   U. l. ♈︎.   S 7
25. Die Verspottung Christi. (Dürer, kl. Kupferst.-Pass. B. 10, n. geg. Kop.)   M. U. ♈︎.   S 8
26. Christus und Pilatus. (Dürer, kl. Kupferst.- Pass. B. 11, nicht geg. Kop.) . .   U. l. ♈︎.   T
27 wie 3 . . . .   O.   T 2
28. Die Beweinung Christi. (Dürer,kl. Kupferstich-Pass. B. 14, nicht geg. Kop.)   U. l. ♈︎.   T 3
29. Die Grablegung. (Dürer, kl. Kupferst.- Pass. B. 15, nicht geg. Kop.) . .   U. r. ♈︎.   T 4
30 wie 6 . . . .   U. l. ♈︎.   T 5
    31. Petrus. 63 : 39 . . . . . .   O.   C 3 v.
    32. Andreas . . . .   O.   D 2
    33. Jacobus major . . . . . .   O.   D 8
    34. Johannes . . . .   O.   E 5 v.
    35. Philippus . . . .   O.   F 3
    36. Bartholomäus . . . . . .   O.   F 7 v.
    37. Thomas . . . .   O.   G 4
    38. Matthäus . . . .   O.   G 8 v.
    39. Jacobus minor . . . . . .   O.   H 5 v.
    40. Simon . . . .   O.   I 2
    41. Judas Thaddäus . . . . .   O.   I 7 v.
    42. Matthias . . . .   O.   K 5
    43. Ein Geistlicher predigend. 65 : 52 . . . .   O.   H 5

44. Petrus segnet einen Andächtigen.
71 : 56 . . . . O. Mon. pag. 1 v.
45. Das Vaterunser. „Geheiliget
werde dein Name." 65 : 52 . O. M 2
46 und 47 Wiederholungen.
48. „Zu uns komme dein Reich." Gott Vater
und der heil. Geist angebetet . . O. N 4 v.
49. „Dein Wille geschehe." Kreuztragung O. N 5
50. „Unser täglich Brod gib uns heute."
Christus reicht einem Kinde Brot O. N 6
51. „Vergib uns unsere Schuld." Ein reicher
Mann und ein Schuldner . . . . O. N 6 v.
52. „Führe uns nicht in Versuchung."
Christus und der Versucher . . . O. N 7 v.
53. „Sondern erlöse uns vom Übel. Amen."
Christus angebetet . . . . . . O. N 8 v.

Von diesen Bildern gehören nur die Nummern 1—30 zu Solis. Die übrigen sind von 2 anderen Meistern gefertigt. —

Das Passional von 1562.

Titel: „Passio, unsers Herrn Jhesu Christi, Auss den vier Evangeli I sten gezogen. ' Mit schönen Figuren gezieret. Auch mit Christlichen, ' und schönen andechtigen Gebeten ei nem jeden Christen sehr nütz- ' lich zu lesen. Gedruckt zu Nürnberg, durch Valentin Neuber. 1562. "

8. Am Schlusse befindet sich die Druckermarke. Der Titel ist schwarz und rot gedruckt, und zeigt, wie auch der Text, die Umrahmungen des Hortulus animae von 1562. Der Text nebst Vorrede umfasst 67 unpaginierte Blätter; angehängt ist ein Symbolum der Apostel.

Bei dem Verzeichnis der Illustrationen wird der besseren Uebersicht wegen nur ein Hinweis auf die betreffenden Bilder im Passional von 1553 und dem Hortulus animae 1562 gegeben. Der Inhalt des Bildes ist nur angegeben, wo eine Verwandtschaft mit jenen Illustrationen nicht vorliegt.

Verzeichnis der Bilder.

1. wie Hortulus. 1562. No. 2. 83 : 61 .	O. Mon. pag.	A 3 v.
2. No. 2 des Passionals von 1553. (Verkleinerte gegenseitige Kopie.) . . M.U.♃.		A 4 v.
3. No. 3 des Passionals von 1553. (Verkleinerte geg. Kopie.) Auf ½ Höhe l.♃.		A 5 v.
4. No. 4 des Passionals von 1553. (Verkleinerte gegenseitige Kopie.) . . U. r.♃.		A 6 v.
5. No. 5 des Passionals von 1553. (Verkleinerte gegenseitige Kopie.) . . M.U.♃.		A 7 v.
6. No. 6 des Passionals von 1553. (Verkleinerte gegenseitige Kopie.) . . U.l.♃.		A 8 v.
7. No. 7 des Passionals von 1553. (Verkleinerte gegenseitige Kopie.) . . O.l.♃.		B v.
8. No. 8 des Passionals von 1553. (Verkleinerte gegenseitige Kopie.) . .	O.	B 2 v.
9. No. 9 des Passionals von 1553. (Verkleinerte gegenseitige Kopie.) . . M.U.♃.		B 3 v.
10. No. 10 des Passionals von 1553. (Verkleinerte gegenseitige Kopie.) . . M.O.♃.		B 4 v.
11. No. 11 des Passionals von 1553. (Verkleinerte geg. Kopie.) Am Stabe U. ♃.		B 5 v.
12. No. 12 des Passionals von 1553. (Verkleinerte gegenseitige Kopie.) . . M.U.♃.		B 6 v.
13. Maria besucht Elisabeth	O.	B 7 v.
14. No. 14 des Passionals (nicht geg. Kop.) Wie Hortulus 1562. No. 4. . .	O.	B 8 v.
15. Die Beschneidung . . . . U. r.♃.		C v.
16. No. 16 des Passionals (nicht geg. Kop.)	O.	C 2 v.
17. No. 17 „ „ (geg. Kop.). . O.l.♃.		C 3 v.
18. Die Darbringung im Tempel . . . U.l.♃.		C 4 v.
19. Christus als Knabe, im Tempel lehrend	O.	C 5 v.
20. No. 20 des Passionals (geg. Kop.) . M.U.♃.		C 6 v.
21. No. 21 „ „ „ „ .	O.	C 7 v.
22. No. 22 des Passionals 1553. (Verkleinerte geg. Kopie.) . . . . O.l.♃.		C 8 v.

23. No. 23 des Passionals 1553. (Verkleinerte geg. Kop.) 83 : 61	O. r. \\$. pag.	D v.
24 wie 5	U. l. \\$.	D 2 v.
25. No. 23 des Passionals 1553. (Nicht geg. Kop.)	O. l. \\$.	D 3 v.
26. No. 26 des Passionals 1553. (Geg. Kop.)	O. l. \\$.	D 4 v.
27. No. 37 des Passionals 1553. (Geg. Kop.)	O.	D 5 v.
28 wie Hortulus 1562. No. 12	U. r. \\$.	D 6 v.
29 „ „ „ „ 20	U. r. \\$.	D 7 v.
30 „ „ „ „ 21	O.	D 8 v.
31 „ „ „ „ 22. An der Säule	O. l. \\$.	E v.
32 „ „ „ „ 23; und No. 32 des Passionals (geg. Kop.) . . .	M. U. \\$.	E 2 v.
33. No. 33 des Passionals (geg. Kop.) . .	U. l. \\$.	E 3 v.
34 wie Hortulus 1562. No. 5	U. l. \\$.	E 4 v.
35 „ „ „ No. 25	M. U. \\$.	E 5 v.
36 „ „ „ No. 26	U. l. \\$.	E 6 v.
37. Die Kreuztragung	M. U. \\$.	E 7 v.
38. No. 38 des Passionals (geg. Kop.) . .	O. r. \\$.	E 8 v.
39 wie Hortulus 1562. No. 3	O.	F v.
40 „ „ „ No. 28 . . .	U. l. \\$.	F 2 v.
41 „ „ „ No. 29	U. r. \\$.	F 3 v.
42 „ „ „ No. 6 . . .	U. l. \\$.	F 4 v.
43. No. 43 des Passionals (geg. Kop.)	M. U. \\$.	F 5 v.
44. No. 44 „ „ „ „ .	O. l. \\$.	F 6 v.
45. No. 45 „ „ (nicht geg. Kop.)	O. r. \\$.	F 7 v.
46. No. 46 „ „ „ „ „ Hortulus No. 7	O.	F 8 v.
47. No. 47 des Passionals (nicht geg. Kop.); Hortulus No. 9	O.	G v.
48. No. 48 des Passionals (geg. Kop.) . .	M. U. \\$.	G 2 v.
49. No. 49 des Passionals (geg. Kop.); Hortulus No. 8	O.	G 3 v.
50. No. 50 des Passionals (nicht geg. Kop.)	O.	G 4 v.

51—62. Die Apostelgestalten des Hortulus. No. 31—42.

ad. 3. Die Frankfurter Periode.

Die Verbindung des Solis mit Feyerabend ist für die Buchillustration des zweiten Teils des 16. Jahrhunderts von der einschneidendsten Wichtigkeit. Damit begann eine neue Aera, die sich ganz entschieden dem Volkstümlichen zuneigte und für die Folgezeit festgehalten worden ist. Die künstlerische Art des Solis und Feyerabends Scharfblick für das Zeitgemässe ergänzten sich in vortrefflicher Weise; jeder bedurfte des anderen für die eigenen Erfolge.

Sigmund Feyerabend.

Feyerabend begann seine Laufbahn als Formschneider. Er war in Heidelberg als der Sohn eines Malers geboren und seit seiner frühen Jugend auf der Wanderschaft. Wiederholt lebte er in Augsburg, längere Zeit hatte er in Venedig zugebracht; bevor er 1559 nach Frankfurt kam, scheint er in Mainz gearbeitet zu haben.

In Frankfurt nimmt er noch in demselben Jahre eine Frau patrizischen Geschlechts, leistet 1560 den Bürgereid und wird bei dieser Gelegenheit in das Bürgerbuch als „Formschneyder" eingetragen.

Wo Feyerabend die Verbindung mit Solis geknüpft hat, ist nicht zu bestimmen. Es muss vor seiner Niederlassung in Frankfurt gewesen sein, da Solis die Bilder in der 1560 erschienenen Bibel nicht in einem Jahre geschaffen haben kann. Der berechneten Klugheit Feyerabends ist es zuzutrauen, dass er sich durch jene Verbindung mit dem Nürnberger Meister die Stellung an der Spitze der Frankfurter Verleger und Buchdrucker sorgsam vorbereitet hatte, wie er sich auch durch seine Verbindung mit dem Patriziate der Stadt eine bevorzugtere soziale Stellung sogleich zu schaffen gewusst hatte.

Das erste von ihm verlegte Werk war die Bibel von 1560 mit den Solisbildern. Dadurch hatte er sich nicht allein sofort in die erste Reihe seiner Standesgenossen gestellt, sondern damit auch einen grossen materiellen Erfolg zu verbinden verstanden. Denn in richtiger Würdigung der Bilder des Solis lässt er diese, zugleich mit der Bibel, in einer besonderen Bilderbibel ohne Bibeltext drucken. Gerade dieses gleichzeitige Erscheinen zeigt Feyerabends Klugheit. Die Bücher empfahlen sich gegenseitig. Wem die Bibel zu teuer war, der konnte die Bilder allein kaufen und diese Bilderbibel fand auch zunächst den grössten Absatz. Von ihr folgt zunächst die Beschreibung.

Die Biblischen Figuren von 1560.

Titel: „Biblische Figuren des Alten und Newen Testaments gantz künstlich gerissen. | durch den weitberümpten Vergilium Solis zu Nürnberg. ⸗ ℣. Getruckt zu Frankfurt am Main, mit Römischer K. M. Freiheyt. Anno 1560. "

Am Schlusse: „Getruckt zu Francfurt am Mayn, durch David Zephe- lium, Johan Raschen, und Sigmund Feyera | bent. "

qu. 4. Der Titel ist rot und schwarz gedruckt und zeigt die Druckermarke der 3 vereinigten Verleger. Nach dem Titelblatte folgen 2 Seiten mit einer Vorrede zum Lobe des Solis, der über Apelles, Phidias und Aristides gestellt wird. Ihm zu Ehren, den Malern, Goldschmieden und anderen Künstlern, denen die Bibel selbst zu teuer sein würde, sowie für diejenigen Christen, die des Lesens nicht kundig sind, sind diese Biblischen Figuren herausgegeben.

Die Illustrationen sind auf 74 unpaginierten Blättern recto und verso abgedruckt. Jedes Bild hat eine kurze deutsche und lateinische, poetische oder prosaische Erklärung. Titel und Bilder sind ohne Umrahmungen.

Verzeichnis der Bilder.

1. Die Schöpfung. 75 : 105 mm	U. l. ℣.	O. Mon. pag.	A 3
2. Die Erschaffung der Eva (Beham geg. Kop. Bartsch VIII. No. 1—73) . .	U. r. ℣.	O.	A 3 v.
3. Der Sündenfall. (Dürer B. 1, nicht geg. Kop.) . .	U. r. ℣.	O.	A 4
4. Der Brudermord	U. r. ℣.	O.	A 4 v.
5. Die Sintflut	U. l. ℣.	O.	B.
6. Gott zeigt Noah den Regenbogen. (Wittenberger Bibel 1536)	U. v. ℣.	O.	B v.

7. Lot und seine Töchter . .	O. Mon.	O. Mon.	pag. B 2
8. Isaaks Opfer	U. r. ⚭.	O.	B 2 v.
9. Jakobs Traum. (Wittenb. Bibel 1536; Beham) .	U. r. ⚭.	M. U. 3 +	B 3
10. Jakob teilt die Herden. (Wittenb. Bibel 1536)	U. r. ⚭.	O.	B 3 v.
11. Jakob ringt mit dem Engel. (Witt. Bib. geg. Kop.)	U. l. ⚭.	O.	B 4
12. Joseph wird verkauft. (Holbein; Beham, geg. Kop.)	U. l. ⚭. U. r. FO.		B 4 v.
13. Joseph und Potiphar. (Lyon Tornes. E. 6 v.) . . .	U. r. ⚭.	O.	C.
14. Joseph deutet den Traum des Pharao. (Witt. Bibel)	M. U. ⚭.	O.	C v.
15 Joseph führt den Vater vor den Pharao. (Beham geg. Kop.)	U. l. ⚭. U. r. FO.		C 2
16 Jakob wird begraben . .	O.	O.	C 2 v.
17. Der Zug durch das Rote Meer	U. l. ⚭.	O.	C 3
18 Das Mannasammeln und Wachtelfangen . . .	U. l. ⚭.	O.	C 3 v.
19. Amalech streitet wider Israel	U. l. ⚭.	O.	C 4
20. Die Bundeslade. (Woensam; Witt. Bibel, geg. Kop.)	U. l. ⚭.	O.	C 4 v.
21. Die Bundeslade mit den Schaubroten.(Woensam; Beham, geg. Kop.; Witt. Bibel, geg. Kop.) . .	U. r. ⚭.	O.	D.
22. Die Stiftshütte. (Woensam; Witt. Bibel, geg. Kop.)	U. l. ⚭.	O.	D v.
23. Das Gerüst der Stiftshütte. (Woensam; Witt. Bibel, geg. Kop.)	U. r. ⚭.	O.	D 2
24. Der tragbare Altar. (Woensam; Witt. Bibel, geg. Kopie)	U. l. ⚭.	O.	D 2 v.

25. Das heil. Gerät. (Woensam; Witt. Bibel, geg. Kop.)	U.l. ℔.	O. Mon. pag.	D 3
26. Aaron mit dem Rauchfass. (Woensam; Witt. Bibel, geg. Kop.; Beham, geg. Kopie)	U.l. ℔.	O.	D 3 v.
27. Moses zerschlägt die Gesetzestafeln. (Woensam; Witt. Bibel)	U.l. ℔.	O.	D 4
28. Die Steinigung des Gotteslästerers	U.l. ℔. U. r. 7 $+$		D 4 v.
29. Die Kundschafter mit der Weintraube. (Beham)	U.r. ℔. U.l. 2 $+$		E.
30. Die eherne Schlange. (Woensam; Witt. Bibel)	O.	O.	E v.
31. Josua übernimmt das Richteramt	U.l. ℔.	O.	E 2
32. Der Zug durch den Jordan. (Witt. Bibel, geg. Kop.; Züricher Bibel 1531)	O.	U.l. FO.	E 2 v.
33. Der Zug um Jericho. (Witt. Bib., geg. Kop.; Beham geg. Kop.)	U.l. ℔.	O.	E 3
34. Die Steinigung des Achan.	U.l. ℔.	O.	E 3 v.
35. Josua henkt die Könige der Gibeoniter. (Beham, geg. Kopie)	O.	O.	E 4
36. Der Kampf des Enack	O.	O.	E 4 v.
37. Deborah tötet den Sisera	U.r. ℔.	O.	F
38. Das Wassertrinken am Horadbache. (Beham; Witt. Bib. geg. Kop.)	U.r. ℔.	O.	F v.
39. Der Sieg über die Medianiter. (Beham). Auf dem Schilde ℔.		O.	F 2
40. Jephta wird von seiner Tochter begrüsst	O.	O.	F 2 v.

41. Simsons Kampf mit dem Löwen. (Beham; Witt. Bibel, geg. Kop.) . .	O. Mon.	O. Mon. pag.	F 3
42. Simson schlägt die Philister. (Witt. Bibel)	O.	O.	F 3 v.
43. Simson und die Thore von Gaza. (Witt. Bibel)	U. l. ℣.	O.	F 4
44. Simson und Delila . .	U. l. ℣.	O.	F 4 v.
45. Simson unter den Trümmern. (Witt. Bib.; Züricher Bib. 1531)	O.	O.	G.
46. Elis Tod	U. r. ℣.	O.	G v.
47. Die Bundeslade im Tempel des Dagon. (Witt. Bibel)	U. r. ℣.	O.	G 2
48. Sauls Salbung. (Beham, geg. Kopie)	U. r. ℣.	O.	G 2 v.
49. Davids Salbung	U. l. ℣. M. U. 4 +		G 3
50. David und Goliath. (Beham, geg. Kop.; Witt. Bib., geg. Kop.)	U. l. ℣.	O.	G 3 v.
51. Saul stösst nach David. (Züricher Bibel) . . .	M. U. ℣.	O.	G 4
52. David empfängt Goliaths Schwert. (Witt. Bibel, geg. Kop.) . . . . . Im Hintergrunde auf einer Tafel: 1559.	U. l. ℣.	O.	G 4 v.
53. David nimmt Sauls Becher. (Witt. Bib., geg. Kop.)	U. r. ℣.	O.	H.
54. Sauls Tod. (Witt. Bibel, geg. Kop.)	U. r. ℣.	O.	H v.
55. Bathseba im Bade. (Witt. Bib., geg. Kop.) .	U. nach l. ℣.	O.	H 2
56. Absalons Tod. (Beham; Züricher Bibel)	U. l. ℣.	O.	H 2 v.
57. Das Urteil Salomos . . .	U. l. ℣.	O.	H 3

58. Der Tempel Salomos. (Witt. Bibel, geg. Kop.) . .	U. l. ♃.	O. Mon. pag. II 3 v.	
59. Der Palast Salomos. (Witt. Bibel, geg. Kop.) . .	U. l. ♃.	O.	II 4
60. Das eherne Meer (Witt. Bibel, geg. Kop.) . .	U. r. ♃.	O.	II 4 v.
61. Das fahrbare Gestühl. (Witt. Bibel, geg. Kop.) . .	U. l. ♃.	O.	I.
62. Salomon empfängt die Geschenke. (Witt. Bibel; Beham, geg. Kop.; Zürich. Bibel) . . .	O.	O.	I v.
63. Elias' Opfer. (Witt. Bibel, geg. Kop.)	O.	O.	I 2
64. Ahabs Tod. (Witt. Bibel, geg. Kop.)	O.	O.	I 2 v.
65. Elias' Himmelfahrt. (Witt. Bibel, geg. Kop.) . .	U. l. ♃.	O.	I 3
66. Der Oelkrug der Witwe. (Witt. Bibel, geg. Kop.)	U. l. ♃.	O.	I 3 v.
67. Der Überfluss in Samaria. (Witt. Bibel, geg. Kop.)	U. l. ♃.	O.	I 4
68. Isabel wird zum Fenster herausgestürzt. (Witt. Bib., geg. Kop.)	U. l. ♃.	O.	I 4 v.
69. Der Zug in die assyrische Gefangenschaft. (Witt. Bibel, geg. Kop.) . .	U. r. ♃. U. l. S.		K.
70. Die Zerstörung von Jerusalem. (Witt. Bibel, geg. Kop.)	O.	O.	K v.
71. Der Tempelbau des Nehemia. (Holbein; Beham, geg. Kop.)	U. l. ♃. U. r. S.		K 2
72. Das Gastmahl des Ahasver	U. r. ♃.	O.	K 2 v.
73. Esther vor Ahasver. (Beham)	U. r. ♃.	O.	K 3

74. Mardochai und Haman . .	U.l. 𝔙.	O. Mon. pag.	K 3 v.
75. Hiob	O.	O.	K 4
76. David spielt die Harfe. (Beh. geg.; Züricher Bibel, geg. Kop.) . .	U.l. 𝔙.	O.l. 𝔖.	K 4 v.
77. Gott erscheint dem Jesaias. (Witt. Bibel) . . .	U.l. 𝔙.	U.r. 𝔖.	L
78. Gott erscheint dem Jeremias. (Witt. Bibel) . . .	U.r. 𝔙.	O.l. 𝔖.	L v.
79. Jeremias wird aus dem Schlamm gezogen . .	U.l. 𝔙.	U.r. 𝔖.	L 2
80. Gott erscheint dem Hesekiel. (Holbein). . .	U.l. 𝔙.	O.l. 𝔖.	L 2 v.
81. Hesekiel predigend. (Witt. Bibel, geg. Kop.) . .	U.l. 𝔙.	U.r. 𝔖.	L 3
82. Daniel an des Königs Hof (Witt. Bibel, geg. Kop.)	U.l. 𝔙.	U.r. 𝔖.	L 3 v.
83. Der Traum des Nebukadnezar (Witt. Bibel, geg. Kop.)	M.U. 𝔙.	O.	L 4
84. Die 3 Jünglinge im Feuerofen. (Witt. Bibel, geg. Kop.; Beham, geg. Kop.)	O.	O.	L 4 v.
85. Die vier Königreiche der Welt. (Witt. Bibel, geg. Kop.)	U.n.r. 𝔙. U.n.l. 𝔖.		M.
86. Hoseas und sein Weib. (Witt. Bibel, geg. Kop.) . .	U.r. 𝔙.	M.U. ⇔	M v.

Das Monogramm des Holzschneiders ist fortgeblieben.

87. Joels Weissagung. (Witt. Bibel, geg. Kop.) . .	O.	O.	M 2
88. Amos' Verkündigung. (Witt. Bib. geg. Kopie) . .	O.	O.	M 2 v.
89. Obadja schilt die Edomiter	U.r. 𝔙.	M.U. 𝔖.	M 3

90. Jonas wird ans Land gespieen	U.l. ♑.	O.r. $\underline{\mathrm{S.}}$	pag. M 3 v.
91. Die Weissagung Michas. (Witt. Bibel)	O.	O.	M 4
92. Nahum verkündet den Untergang Ninives	U.l. ♑.	O.l. 6+	M 4 v.
93. Habakuks Weissagung. (Witt. Bibel)	U.r. ♑.	U.l. $\underline{\mathrm{S.}}$	N
94. Zephania verkündet das Strafgericht (Witt. Bibel)	O.	O.	N v.
95. Haggai tadelt den Fürsten und den Hohenpriester. (Witt. Bibel)	O.	O.	N 2
96. Zacharias Strafpredigt und Gesicht	U.l. ♑.	U.r. +9	N 2 v.
97. Maleachi schilt die Priester. (Witt Bib.)	U.l. ♑.	M. +16	N 3
98. Judith steckt des Holofernes' Haupt in den Sack	O.	O.	N 3 v.
99. Tobias wird wieder sehend	U.l. ♑.	U.r. 4+	N 4
100. Mathathias erschlägt den Götzendiener	U.n.l. ♑.	O.	N 4 v.
101. Der Tod des Antiochus	U.l. ♑.	O.	O
102. Susanna und Daniel	M.U. ♑.	O.	O v.
103. Der Evangelist Matthäus	O.	M.n.r. SF.	O 2
104. Christus lehrt über die Seligkeiten	O.	O.	O 2 v.
105. Herodias mit dem Haupte des Täufers	M.U. ♑.	M. +8	O 3
106. Der Evangelist Markus	U.r. ♑.	O.	O 3 v.
107. Der Evangelist Lukas	U.r. ♑.	U.r. +11	O 4
108. Die heil. drei Könige	O.	O.	O 4 v.
109. Die Verkündigung Mariae	U.l. ♑.	O.	P.
110. Die Anbetung durch die Hirten	O.	O.	P v.

111. Die Beschneidung . . .	O. Mon.	O.Mon.pag.	P 2
112. Die Darbringung im Tempel	O.	O.	P 2 v.
113. wie 108	O.	O.	P 3
114. Der reiche Mann und der armc Lazarus	U.l. Vf.	U.r. + 10	P 3 v.
115. Christus verkündet das Zeichen des jüngsten Tages	O.	O.	P 4
116. Der Evangelist Johannes .	O.	U.l.13 +	P 4 v.
117. Das Gleichnis vom guten Hirten	O.	O.	Q.
118. Die Bekehrung Sauls . .	U.r. Vf.	U.l.14 +	Q v.
119. Paulus gibt dem Boten einen Brief	O.	O.	Q 2
120. ebenso; andere Darstellung	O.	O.	Q 2 v.
121. Petrus gibt dem Boten den Brief	O.	O.	Q 3
122. Christus erscheint dem Johannes (Witt. Bibel)	U.n.r.Vf.	O.	Q 3 v.
123. Die Anbetung der Ältesten	U.r. Vf.	U.l. 1 +	Q 4
124. Die apokalyptischen Reiter	O.	U.l.	Q 4 v.
125. Die Austeilung der weissen Kleider. (Witt. Bibel)	M. Vf.	U.l.18+	R
126. Die Sterne fallen zur Erde	U.l. Vf.	U.r. H	R v.
127. Die 4 Engel an den Enden der Welt. (Witt. Bibel)	U.l. Vf.	M. H	R 2
128. Gott verteilt die Posaunen. (Witt. Bibel)		O. U.n.l.	R 2 v.
129. Die Flammen fahren zur Erde. (Witt. Bibel) .	U.r. Vf.	U.l.21+	R 3
130. Der brennende Fels im Meere. (Witt. Bibel) .	O.	O.	R 3 v.
131. Der Stern fällt in den Strom. (Witt. Bibel)	U.r. Vf.	U.l. + 19	R 4

4*

132.	Der Engel ruft Weh, Weh, Weh. (Witt. Bibel) .	O. Mon.	O. Mon. pag. R 4 v.
133.	Der Stern fällt in den Brunnen. (Witt. Bibel)	O.	O. S.
134.	Die Engel erschlagen den 3. Teil der Menschen. (Witt. Bibel)	O.	O. S v.
135.	Der Engel reicht Johannes das Buch. (Witt. Bibel)	O. U. r. R.	S 2
136.	Die 2 Zeugen und das Tier. (Witt. Bibel)	O.	O. S 2 v
137.	Das geflügelte Weib und der Drache. (Witt. Bib.)	O. U. n. r. R.	S 3
138.	Das Tier mit den 7 Häuptern. (Witt. Bibel)	O.	O. S 3 v.
139.	Der Sturz Babylons und das Lamm. (Witt. Bibel)	O.	O. S 4
140.	Die erntenden Engel. (Witt Bibel)	O.	O. S 4 v.
141.	Die Engel giessen die Schalen aus. (Witt. Bib.)	O.	O. T.
142.	Das babylonische Weib. (Witt. Bibel)	O.	O. T v.
143.	Der Brand Babylons. (Witt. Bibel)	O.	O. T 2
144.	Der Drache im Abgrund. (Witt. Bibel)	O	O. T 2 v.
145.	Die Verschliessung der Schlange im Abgrund. (Witt. Bibel)	O.	O. T 3
146.	Der Sturz der Teufel. (Witt Bibel)	O.	O. T 3 v.
147.	Der Engel zeigt Johannes das neue Jerusalem. (Witt. Bibel)	O. in halber Höhe r. R.	T 4

Die Bilder sind von Bartsch im ganzen pag. 316 unter No. 1 erwähnt und die historischen unter ihnen wegen ihrer Zeichnung mit Recht gelobt. Ihm, wie den Späteren, ist entgangen, dass dieselben gleichfalls keine freien Erfindungen des Solis sind, was sich bei Bartsch damit erklärt, dass ihm Buchillustrationen, speziell aus dieser Zeit, ferner lagen.

Die Hinweise auf die Vorbilder sind in dem Verzeichnisse gemacht worden, wo diese klar erkennbar waren; ein Zweifel, dass die übrigen gleichfalls kopiert sind, kann nicht bestehen. Allerdings verfährt Solis nun mit der äussersten Freiheit, und die früheren Versuche, ein einzelnes Bild aus mehreren Vorlagen zusammenzustellen, werden jetzt mit grosser Geschicklichkeit ausgeführt.

Auffallend ist es, dass er auch auf die Illustrationen der Wittenberger Bibeln direkt zurückgreift. Diese haben allerdings allen späteren Bildern für die Bibel als Vorbilder gedient und lassen erkennen, wie ein einmal festgestellter Typus von allen späteren Künstlern übernommen wird. Die Abhängigkeit der Künstler voneinander ist ganz allgemein, und es geht mit den Bibelillustrationen in dieser Beziehung wie mit den zahllosen Bibelnachdrucken: zuletzt, sagt Panzer, wusste niemand mehr, wo die Nachdrucke eigentlich herstammten.

Die Art des Solis, wie er überall prüft und auswählt und gewissermassen auf die Quellen zurückgreift, ist aber an sich höchst merkwürdig. Sorgsam sucht er die verschiedenen Darstellungen des Gegenstandes zusammen, um das ihm geeignet Scheinende zu behalten; und indem er dies mehr oder weniger frei kopiert, gibt er vom Eigenen hinzu, was dem Geschmacke der Zeit am besten zusagt. In heitere Landschaften, in prachtvolle Paläste stellt er die Begebenheiten; prächtige Gewänder tragen die biblischen Frauen und Helden; an reichem Prunkgerät, an Schmuck und Kostbarkeiten weiss er sich nicht genugzuthun. Eine grosse Arbeit steckt in diesen frischen, bildlichen Erzählungen! Den ganzen Bildervorrat hat er zusammengeworfen; wohlweislich ändert er aber nichts an den populär gewordenen Szenen; jedermann soll sich freuen, die alten Bekannten wieder zu erkennen, weiter aber auch, wie neu und vornehm diese Bekannten gekleidet sind. Dem Verständnis der Szenen kommt er, wo es nötig scheint, (wieder nach älteren Vorbildern) dadurch entgegen, dass er im Hintergrunde noch eine andere Szene zur Erklärung des Hauptvorganges anbringt. Aber sein Sinn für das Dekorative lässt ihn auch in anderer Richtung vorgehen: Häufig setzt er die Haupthandlung als kleine Episode in eine Ecke und benutzt den übrigen Platz für die Entfaltung irgend eines prächtigen Vorganges, welcher mit der Haupthandlung in mehr oder weniger geringem Zusammenhange steht. Diese genrehafte Historienmalerei ist im 17. Jahrhundert dann von den Holländern mit Vorliebe gepflegt worden. —

In der Beschreibung der „Biblischen Figuren" von 1560 ist bereits gesagt worden, dass jedes Bild von einer deutschen und lateinischen Erklärung begleitet war. Diese, aus wenig Worten bestehend, ist anfangs in gebundener Rede, in der letzten Hälfte in Prosa abgefasst. Der Dichter ist offenbar nicht schnell genug fertig geworden. Erst in der 3. Auflage erschienen jene Erklärungen sämtlich in poetischer Form.

Die Bibel von 1560.

Gleichzeitig mit den „Biblischen Figuren" erschien die Bibel selbst. Ein Verzeichnis der Bilder zu geben, ist darum nicht nötig, als es dieselben sind wie in den oben beschriebenen Biblischen Figuren. Die Angabe der Titel und einige Erläuterungen werden daher genügen.

Titel für die ganze Bibel und den 1. Teil des Alten Testaments: „Biblia das ist die gantze Heyli ge Schrifft Teutsch D. Mart. Lut. | Sampt einem Register und schönen Figuren. 1560."

Am Schlusse: „Gedruckt zu Franckfurt am Main. 1560."

Folio. Der rot und schwarz gedruckte Titel ist von einer Umrahmung umgeben, in dessen oberer Leiste eine Darstellung der Schöpfung ist. Bezeichnung: U. l. $\mathcal{VS}$. U. r. SF. Es folgen die Porträts der Pfalzgrafen Friedrich und Otto Heinrich in prachtvollen Umrahmungen, beide bezeichnet: M. U. $\mathcal{VS}$. Auf der Rückseite des letzteren Bildnisses steht das Privilegium des Pfalzgrafen Friedrich an den Formschneider Feyerabend auf 10 Jahre; es datiert von 1559.

15 Blätter Vorreden und Register.

352 einseitig paginierte Blätter mit dem Text; dieser endet mit dem Hohenlied Solomonis. 76 Illustrationen in der Reihenfolge der Biblischen Figuren. Das letzte Bild, David spielt die Harfe, steht pag. 293 recto.

Die Bilder haben 18 verschiedene Umrahmungen; davon sind 6, unten r. und l. verteilt, mit den Buchstaben V. S. bezeichnet; eine Umrahmung hat M. U. ℳ.

Zweiter Teil der Bibel.

Titel: „Die Pro pheten all Tentsch.' D. Mart. Lut. Getruckt zu Franckfurt am Mayn. | 1560. "

Am Schlusse: „Ende der Bücher des alten Testaments. "

Fol. Der rot und schwarz gedruckte Titel steht in einer Umrahmung, welche in ihrer oberen Leiste eine Anbetung durch die Hirten, in der untern die vereinigte Druckermarke der 3 Verleger Feyerabend, Zöpfel und Rasch zeigt. Unten l. und r. verteilt: V. S. 26 Illustrationen, und zwar die Nummern 77 bis einschliesslich 102 der Biblischen Figuren; die letzte Illustration, Susanna und Daniel, ist pag. 237 recto. — 240 paginierte Blätter.

Dritter Teil der Bibel.

Titel: „Das Newe Testament Teutsch D. Mart. Lut. Getruckt zu Franckfurt am Mayn.' 1560 "

Am Schlusse: „Getruckt zu Francfurt am Mayn, durch David Zephelium, Johann Raschen und Sigmund Feyer abend, im jar unserer erlösung, | Tausent Fünffhundert und Sechtzig. "

Format und Titelausstattung ist wie bei dem zweiten Teil. Die Paginierung der Blätter geht weiter und fängt hinter dem Titel mit pag. 242 wieder an. Der Text endigt auf Blatt 410; danach kommen noch 4 unpaginierte Blätter mit Registern. Von den Bildern der Biblischen Figuren von 1560 fehlen aus der Reihe von No. 103 bis No. 147 die Nummern 104, 108 bis 112 und 115; es kommt hinzu auf pag. 284 die Nummer 158 der „Biblischen Figuren" von 1562. Somit sind im ganzen 39 Bilder.

Druck und Ausstattung dieser Bibel übertrafen an Pracht weit alle bisher in Frankfurt a. M. gedruckten Bücher. Auf dem vortrefflichen Papier kamen die Bilder noch mehr zur Geltung als in den

„Biblischen Figuren". Schöne, von Solis gezeichnete und von Feyerabend geschnittene Leisten umrahmen die Titel; der erste Teil hat noch durch die grossen Bildnisse der Pfalzgrafen einen besonderen Schmuck erhalten.

Aber Feyerabend war noch in anderer Beziehung auf den Erfolg bedacht. Die Bibel hatte, bei der grösseren Wohlfeilheit der Biblischen Figuren, mit diesen eine bedeutende Konkurrenz zu bestehen, und um nun die Wirkung der Solisbilder in der Bibel noch zu steigern, werden sie mit schönen Umrahmungen umgeben.

Diese gleichfalls von Solis gezeichneten und teilweise mit seinem Monogramm, resp. seinen Buchstaben versehenen Leisten waren allerdings die denkbar grösste Steigerung, die erreicht werden konnte. Feyerabend aber führt damit wieder eine Form der Buchausstattung ein, die bis zum Ende des vorigen Jahrhunderts geblüht hatte, seitdem aber fast ganz ausser Gebrauch gekommen war. Diese nahm für die Folge einen grossen Aufschwung.

Ueber die Umrahmungen bleibt noch zu bemerken, dass der Künstler in diesem Genre hier noch nicht sein Bestes leistet. Später lässt er in diesen Leisten die architektonischen Glieder, als Säulen, Hermen u. s. w., fort und verwendet dann nur mit grosser Freiheit Rollwerk mit Grottesken.

Von dem Erfolge der Bibel gibt ein Messregister Kunde. In der Fastenmesse von 1565 wurden allein 222 Exemplare verkauft, von den biblischen Figuren allerdings 471. Damals waren aber die ersten Auflagen längst vergriffen.

Ueber die Grösse dieser Auflagen sind wir nicht unterrichtet; von anderen, weit weniger populären Büchern wissen wir aber, dass sie in einer Zahl von 1200 und 1500 Exemplaren gedruckt worden sind. —

Die „Biblischen Figuren" von 1560 waren seitdem 1562 und 1565 neu aufgelegt worden, die Bibel hingegen bereits 1561. Ueber diese

Bibel von 1561

ist zu bemerken, dass sie in Titeln, typographischer Einrichtung und Ausstattung vollständig der Ausgabe von 1560 gleicht. Die Titelumrahmung zum ersten Teil ist neu; von den 18 Leisten der

Ausgabe von 1560 finden sich 11 wieder vor; da 16 neue Leisten dazugekommen sind, so enthält die Bibel 27 verschiedene Muster.

Die „Biblischen Figuren" von 1562.

Diese zweite Auflage zeigt zunächst gegen die erste eine bedeutende Vermehrung der Bilder. Feyerabend glaubte offenbar den bisherigen Erfolg noch steigern zu sollen und liess von Solis 74 neue Bilder zeichnen. Ausserdem versah er jetzt die Bilder gleichfalls mit den Leisten der Bibel von 1561, die jetzt auf 34 verschiedene Muster gebracht sind. Der neue Inhalt, wie die veränderte Einrichtung, die er dieser Ausgabe gab, machen eine Beschreibung derselben erforderlich; auf diese Ausgabe muss auch bei den zu besprechenden Kopien Bezug genommen werden.

Gegen die Ausgabe von 1560 zerfällt die von 1562 zunächst in 2 Teile.

Der 1. Teil der „Biblischen Figuren" 1562.

Titel: „VS. | Biblische Figuren dess | Alten Testaments gantz künstlich gerissen. durch den weitberümpten Virgilium Solis, Maler und Kupferstecher zu Nürnberg. 1562. Gedruckt zu Franckfurt am Mayn mit Römischer K. M. Freiheyt."

Am Schlusse: „Gedruckt zu Franckfurt am Mayn durch David Zephelium, Johann Raschen und Sigmund Feyerabend. | 1562. |" Druckermarke.

qu. 4. Der rot und schwarz gedruckte Titel ist mit Leisten umgeben. Es folgen, wie 1560, 2 Seiten Vorreden und dann die Figuren.

In dem nachstehenden Verzeichnis sind diejenigen Bilder, welche bereits in der Ausgabe von 1560 vorkommen, eingerückt worden.

Verzeichnis der Bilder.

1. Die Schöpfung	. . .	U. l. VS.	O. Mon. pag.	A 3.
2. Die Erschaffung der Eva		U. r. VS.	O.	A 3 v.
3. Der Sündenfall	. . .	U. r. VS.	O.	A 4.
4. Der Brudermord	. .	U. r. VS.	O.	A 4 v.
5. Die Sintflut	. . . .	U. l. VS.	O.	B.

6. Gott zeigt Noah den Regenbogen	U. r. ℣.	O. Mon. pag.	B v.
7. Lot und seine Töchter	O.	O.	B 2.
8. Isaaks Opferung . .	U. r. ℣.	O.	B 2. v.
9. Jakobs Traum . . .	U. r. ℣. M. U. 3 +		B 3.
10. Jakob teilt die Herden	U. r. ℣.	O.	B 3 v.
11. Jakob ringt mit dem Engel	U. l. ℣.	O.	B 4.
12. Joseph wird verkauft .	U. l. ℣.	U. r. FO.	B 4 v.
13. Joseph und Potiphar	U. r. ℣.	O.	C.
14. Joseph deutet d. Traum des Pharao	M. U. ℣.	O.	C v.
15. Joseph führt den Vater zum Pharao	U. l. ℣.	U. r. FO.	C 2.
16. Jakob wird begraben .	O.	O.	C 2 v.
17. Der Zug durch das Rote Meer	U. l. ℣.	O.	C 3.
18. Das Mannasammeln und Wachtelfangen . . .	U. l. ℣.	O.	C 3 v.
19. Amalech streitet wider Israel	U. l. ℣.	O.	C 4.
20. Die Bundeslade . . .	U. l. ℣.	O.	C 4 v.
21. Die Bundeslade mit den Schaubroten	U. r. ℣.	O.	D.
22. Die Stiftshütte . . .	U. l. ℣.	O.	D v.
23. Das Gerüst der Stiftshütte	U. r. ℣.	O.	D 2.
24. Der tragbare Altar .	U. l. ℣.	O.	D 2 v
25. Das heil. Gerät . . .	U. l. ℣.	O.	D 3.
26. Aaron mit d. Rauchfass	U. l. ℣.	O.	D 3 v.
27. Moses zerbricht die Gesetzestafeln . . .	U. l. ℣.	O.	D 4.
28. Die Steinigung des Gotteslästerers . . .	U. l. ℣. U. r.	7	D 4 v.
29. Die Kundschafter mit der Weintraube. . .	U. r. ℣. U. l. 2 +		E.

30. Die eherne Schlange .	O. Mon.	O. Mon. pag.	E v.
31. Josua übernimmt das Richteramt	U. l. ♌.	O.	E 2
32. Der Zug durch d. Jordan		O. U. l. FO.	E 2 v.
33. Der Zug um Jericho .	U. l. ♌.	O.	E 3
34. Die Steinigung des Achan	U. l. ♌.	O.	E 3 v.
35. Josua henkt die Könige der Gibeoniter . . .	O.	O.	E 4
36. Kampf des Enack . .	O.	O.	E 4 v.
37. Deborah tötet den Sisera	U. r. ♌.	O.	F
38. Das Wassertrinken am Horadbach	U. r. ♌.	O.	F v.
39. Der Sieg über die Medianiter. Auf dem Schilde:	M. ♌.	O.	F 2
40. Jephta wird von seiner Tochter begrüsst . .	O.	O.	F 2 v.
41. Simsons Kampf mit dem Löwen	O.	O.	F 3
42. Simson schlägt die Philister	O.	O.	F 3 v.
43. Simson und die Thore von Gaza	U. l. ♌.	O.	F 4
44. Simson und Delila . .	U. l. ♌.	O.	F 4 v.
45. Simson unter den Trümmern	O.	O.	G
46. Elis Tod	U. r. ♌.	O.	G v.
47. Die Bundeslade im Tempel des Dagon	U. r. ♌.	O.	G 2.
48. Sauls Salbung . . .	U. r. ♌.	O.	G 2 v.
49. Davids Salbung . .	U. l. ♌.	M. 4 +	G 3
50. David und Goliath . .	U. l. ♌.	O.	G 3 v.
51. Saul stösst nach David	M.U. ♌.	O.	G 4
52. David empfängt Goliaths Schwert	U. l. ♌.	O.	G 4 v.

53. David nimmt Sauls Becher	U. r. ♀.	O. Mon. pag. H.	
54. Sauls Tod	U. r. ♀.	O.	H v.
55. Bathseba im Bade	U. n. l. ♀.	O.	H 2.
56. Absalons Tod	U. l. ♀.	O.	H 2 v.
57. Das Urteil Salomos	U. l. ♀.	O.	H 3.
58. Der Tempel Salomos	U. l. ♀.	O.	H 3 v.
59. Der Palast Salomos	U. l. ♀.	O.	H 4.
60. Das eherne Meer	U. r. ♀.	O.	H 4 v.
61. Das fahrbare Gestühl	U. l. ♀.	O.	I
62. Salomon empfängt die Geschenke	O.	O.	I v.
63. Elias Opfer	O.	O.	I 2.
64. Ahabs Tod	O.	O.	I 2 v.
65. Elias Himmelfahrt	U. l. ♀.	O.	I 3.
66. Der Oelkrug der Witwe	U. l. ♀.	O.	I 3 v.
67. Der Ueberfluss in Samaria	U. l. ♀.	O.	I 4.
68. Isabel wird zum Fenster herausgestürzt	U. l. ♀.	. O.	I 4 v.
69. Die Israeliten ziehen in die assyrische Gefangenschaft	U. r. ♀.	U. l. ♊.	K
70. Die Zerstörung Jerusalems	O.	O.	K v.
71. Der Tempelbau unter Nehemia	U. l. ♀.	U. r. ♊.	K 2.
72. Das Gastmahl des Ahasver	U. r. ♀.	O.	K 2 v.
73. Esther vor Ahasver	U. r. ♀.	O.	K 3.
74. Mardochai und Haman	U. l. ♀.	O.	K 3 v.
75. Hiob	O.	O.	K 4.
76. David spielt die Harfe	U. l. ♀.	O. l. ♊.	K 4 v.
77. Gott erscheint dem Jesaias	U. l. ♀.	U. r. ♊.	L.

78. Gott erscheint dem Jeremias	U.r. ♉.	O.l. ♋	pag. L v.
79. Jeremias wird aus dem Schlamm gezogen	U.l. ♉.	U.r. ♋	L 2
80. Gott erscheint dem Hesekiel	U.l. ♉.	O.l. ♋	L 2 v.
81. Hesekiel predigend	U.l. ♉.	U.r. ♋	L 3
82. Daniel an des Königs Hof	U.l. ♉.	U.r. ♋	L 3 v.
83. Der Traum des Nebukadnezar	U.n.d.M. ♉.	O.	L 4
84. Die 3 Jünglinge im Feuerofen	O.	O.	L 4 v.
85. Die 4 Königreiche der Welt	U.n.r. ♉.	U.n.l. ♋	M
86. Hoseas und sein Weib	U.r. ♉.	M.U.	M v.
87. Joels Weissagung	O.	O.	M 2
88. Amos' Verkündigung	O.	O.	M 2 v.
89. Obadja schilt die Edomiter	U.r. ♉.	M.U. ♋	M 3
90. Jonas wird ans Land gespieen	U.l. ♉.	O.r. ♋	M. 3 v.
91. Michas Weissagung	O.	O.	M. 4
92. Nahum verkündigt d. Untergang Ninives	U.l. ♉.	O.l. +6	M. 4 v.
93. Habakuks Weissagung	U.r. ♉.	U.l. ♋	N.
94. Zephanja verhindert d. Strafgericht	O.	O.	N v.
95. Hagai schilt den König und den Hohenpriester	O.	O.	N 2
96. Zacharias Strafpredigt und Gesicht	U.l. ♉.	U. r. +9	N 2 v.
97. Maleachi schilt die Priester	U.l. ♉.	M. +10	N 3

98. Judith steckt Holofernes' Haupt in den Sack	O. Mon.	O. Mon.	pag. N 3 v.
99. Tobias wird wieder sehend	U. l. ℣.	U. r. 4 +	N 4
100. Mathathias erschlägt den Götzendiener	U. n. l. ℣.	O.	N 4 v.
101. Der Tod des Antiochus	U. l. ℣.	O.	N 5
102. Susanna und Daniel	M. U. ℣.	O.	N 5 v.

Der zweite Teil der „Biblischen Figuren" 1562.

Titel: „Biblische Figuren | dess Neuwen Testaments, | gar künstlich gerissen. | durch den weitberümpten Virgilium So | lis, Maler und Kunststecher zu | Nürnberg | ℣. | 1562. | ......"
Am Schlusse: „Gedruckt zu Franckfurt am Mayn durch David Zephelium, Johan Raschen, und Sigmund Feyerabend. | 1562."
Druckermarke.

qu. 4. Auf den schwarz gedruckten Titel folgen sofort die Figuren.

103. Der Evangelist Matthäus		O. Mon. M. n. r. SF.	pag. a 2
104. Der Evangelist Markus	U. r. ℣.	O.	a 2 v.
105. Der Evangelist Lukas	U. r. ℣.	U. r. + 11	a 3
106. Der Evangelist Johannes	O.	U. l. 13 +	a 3 v.
107. Die Anbetung durch die Hirten		O.	O.	a 4
108. Die Beschneidung		O.	O.	a 4 v.
109. Die heil. 3 Könige		O.	O.	b
110. Christus, im Tempel lehrend		O.	O.	b v.
111. Die Hochzeit zu Kanaan		O.	O.	b 2
112. Der Hauptmann von Kapernaum		O.	O.	b 2 v.
113. Christus stillt das Meer		O.	M. U. ℣.	b 3

114. Der böse Feind sät Unkraut	O. Mon.	O. Mon.	pag. b 3 v.
115. Das Gleichnis von den Arbeitern im Weinberge . .	O.	O.	b 4
116. Das Gleichnis vom Sämann	O.	O.	b 4 v.
117. Die Darstellung im Tempel	O.	O.	c
118. Die Heilung des Blinden .	O.	O.	c v.
119. Die Versuchung Christi .	O.	O.	c 2
120. Die Heilung der Tochter des kananäischen Weibes .	O.	O.	c 2 v.
121. Die Austreibung des Teufels	O.	O.	c 3
122. Die Speisung der 5000 .	O.	O.	c 3 v.
123. Die Juden werfen Steine nach Christus	O.	O.	c 4
124. Das letzte Abendmahl . .	O.	O.	c 4 v.
125. Die Fusswaschung . . .	O.	O.	d
126. Christus am Ölberge . .	O.	O.	d v.
127. Die Gefangennehmung Christi	O.	O.	d 2
128. Christus vor Kaiphas . .	O.	O.	d 2 v.
129. Christus vor Pilatus . .	O.	O.	d 3
130. Die Kreuztragung . . .	O.	O.	d 3 v.
131. Christus am Kreuze . .	O.	O.	d 4
132. Die Grablegung	O.	O.	d 4 v.
133. Die heiligen Frauen am Grabe	O.	O.	e
134. Christus auf dem Wege nach Emaus	O.	O.	e v.
135. Christus erscheint den Aposteln	O.	O.	e 2
136. Christus zeigt dem Thomas die Wundmale	O.	O.	e 2 v.
137. Das Gleichnis vom guten Hirten . . . . (Andere Darstellung als 1560).	O.	O.	e 3
138. Christi letzte Ermahnungen an die Jünger	O.	O.	e 3 v.

139. Christus ermahnt zum Gebet	O. Mon.	U. r. H3	pag. e 4
140. Die Himmelfahrt Christi	O.	O.	c 4 v.
141. Christus verspricht den Tröster	O.	O.	f.
142. Die Ausgiessung des heil. Geistes	O.	O.	f v.
143. Christus ermahnt zur Beständigkeit	O.	O.	f 2
144. Christus spricht mit Nikodemus	O.	O.	f 2 v.
145. Dasselbe in anderer Darstellung (andere Darstellung wie 1560)	O.	O.	f 3
146. Der reiche Mann und der arme Lazarus	U. l. V.	U. r. + 10	f 3 v.
147. Das Gleichnis vom grossen Gastmahl	O.	O.	f 4
148. Christus und der Zinsgroschen	O.	U. r. H3	f 4 v.
149. Das Gleichnis von den Blinden	O.	O.	g.
150. Christus auf dem Meere ruft die Apostel	O.	O.	g v.
151. Christus erklärt das Gesetz	O.	O.	g 2
152. Das Wunder mit den Broten und Fischen	O.	O.	g 2 v.
153. Christus warnt vor falschen Propheten	O.	O.	g 3
154. Vom ungerechten Haushalter	O.	O.	g 3 v.
155. Vom Zöllner und Pharisäer	O.	O.	g 4
156. Christus säubert den Tempel	O.	O.	g 4 v.
157. Christus heilt den Taubstummen	O.	O.	h.
158. Der barmherzige Samariter	U. l. V.	U. r. 12 +	h v.
159. Die Heilung des Aussätzigen	O.	O.	h 2

160. Christus warnt vor Geiz	O. Mon. O. Mon.	pag. h 2 v.
161. Christus erweckt den Jüngling von Naim . . .	O. O.	h 3
162. Christus isst mit den Sündern	O. O.	h 3 v.
163. wie 151		h 4
164. Christus heilt den Gichtbrüchigen	O. O.	h 4 v.
165. Das Gleichnis von der königlichen Hochzeit .	O. O.	i.
166. Der König, der mit den Knechten rechnen wollte	O. O.	i v.
167. Christus heilt die Tochter des Obersten	O. O.	i 2
168. Die Weissagung vom Ende der Welt	O. O.	i 2 v.
169. Christus und die 4 Jünger	O. O.	i 3
170. Der Einzug in Jerusalem	O. O.	i 3 v.
171. Christus verkündigt die Zeichen des jüngsten Tages	O. O.	i 4
172. Johannes im Kerker . .	O. O.	i 4 v.
173. Die Taufe Christi im Jordan	O. O.	k.
174. Christus prüft Petrus und Johannes	O. O.	k v.
175. Die Steinigung d. Stephanus	O. O.	k 2
176. Der Kindermord in Bethlehem	O. O.	k 2 v.
177. Die Bekehrung des Saul	U. r. ♀. U. l. 14+	k 3
178. Christus spricht bei den Bäumen zu den Jüngern	O. O.	k 3 v.
179. Die Verkündigung Mariae	U. l. ♀. O.	k 4
180. Der Abschied von den Jüngern	O. O.	k 4 v.

181. Herodias mit dem Haupte des Täufers	M. U. ♈.	M. +8 Mon.	pag. L	
182. Christus schilt die Jünger	O.	O.		l v.
183. Marias Besuch bei Elisabeth	O.	O.		l 2
184. Christus im Hause Simons	O.	O.		l 2 v.
185. Maria Salome vor Christus knieend	O.	O.		l 3
186. Christus beruft Matthäus	O.	O.		l 3 v.
187. Der Rangstreit unter den Aposteln	O.	O.		l 4
188. Christus spricht zum Volke	O.	O.		l 4 v.
189. Zachäus auf dem Baume	O. U. l. B			m.
190. Paulus gibt dem Boten den Brief	O.	O.		m v.
191. Dasselbe in anderer Darstellung	O.	O.		m 2
192. Petrus gibt dem Boten den Brief	O.	O.		m 2 v.
193. Christus erscheint dem Johannes	U. n. r. ♈.	O.		m 3
194. Die Anbetung der Aeltesten	U. r. ♈.	U. l. +1		m 3 v.
195. Die apokalyptischen Reiter (andere Darstellung wie 1560)	O. U. l.			m 4
196. Die Austeilung der weissen Kleider	M. ♈.	U. l. 18+		m 4 v.
197. Die Sterne fallen zur Erde	U. l. ♈.	U. r. +H}		n.
198. Die 4 Engel an den Enden der Erde	U. l. ♈.	M. M		n v.
199. Gott verteilt die Posaunen	O. U. n. l.			n 2
200. Die Flammen fallen zur Erde	U. r. ♈.	U. l. 21+		n 2 v.

201.	Der brennende Fels im Meere	O. Mon.	O. Mon. pag. n 3
202.	Der Stern fällt in den Strom	U. r. ♃. U. l. 19 +	n 3 v.
203.	Der Engel ruft: We We We	O. O.	n 4
204.	Der Stern fällt in den Brunnen	O. O.	n 4 v.
205.	Die Engel erschlagen den dritten Teil der Menschen	O. O.	o.
206.	Der Engel reicht Johannes das Buch . .	O. U. r. ♃	o v.
207.	Die 2 Zeugen und das Tier	O. O.	o 2
208.	Das geflügelte Weib und der Drache . .	O. U. r. ♃	o 2 v.
209.	Das Tier mit den 7 Häuptern	O. O.	o 3
210.	Der Sturz Babylons und das Lamm	O. O.	o 3 v.
211.	Die erntenden Engel	O. O.	o 4
212.	Die Engel giessen Schalen aus	O. O.	o 4 v.
213.	Das babylonische Weib	O. O.	p.
214.	Der Brand Babylons	O. O.	p v.
215.	Der Drache im Abgrund	O. O.	p 2
216.	Die Verschliessung der Schlange	O. O.	p 2 v.
217.	Der Sturz des Teufels in die Hölle . . .	O. O.	p 3
218.	Der Engel zeigt Johannes das neue Jerusalem	O. in halber Höhe r. ♃	p 3 v.

Folgende Monogramme sind vertreten.
1. IB 3mal. No. 139, 148, 197.
2. IF 5mal. No. 113, 189, 206, 208, 218.
3. ⹂ 13mal. No. 69, 71, 76—82, 85, 89, 90, 93.
4. FO 3mal. No. 12, 13, 32.
5. H 1mal. No. 198.
6. S.F. 1mal No. 103.
7. W. 94mal.
8. Ein Messer nebst Zahl und Kreuz. 18mal.
+1 No. 194, +2 No. 29, +3 No. 9. +4 No. 49, 99,
+6 No. 92, +7 No. 28, +8 No. 181, +9 No. 96,
+10 No. 146, +11 No. 105, +12 No. 158, +13 No. 106,
+14 No. 177, +16 No. 97, +18 No. 196, +19 No. 202,
+21 No. 200.
9. Ein Messer 3mal. ← No. 86, 195, 199.

Die „Biblischen Figuren" von 1565.

Die 3 Auflage ist der 2. Auflage im wesentlichen gleich. Die geringen Veränderungen bestehen darin, dass sich auf den Titelblättern Joh. Wolff als Drucker nennt, während Zöpfel, Rasch und Feyerabend, trotz des inzwischen eingetretenen Todes Zöpfels, als Verleger am Schlusse beider Teile wie bisher aufgeführt sind. Die Bilder selbst stehen in etwas veränderter Reihenfolge; die Erklärungen sind sämtlich in poetischer Form verfasst. Die Leisten haben sich um 3 verringert und sind jetzt insofern anders verwendet, als das einzelne Bild nicht wieder mit derselben Umrahmung versehen ist wie 1562. Durch diesen kleinen Kunstgriff hat die neue Ausgabe ein frisches Aussehen bekommen.

In Bezug auf die Bilder ist noch zu bemerken, dass mehrere durch neue ersetzt sind, die denselben Gegenstand in veränderter Zeichnung darstellen. Schon 1562 waren die Nummern 137, 145 und 195 nicht mehr dieselben von 1560; 1565 kommt noch die No. 200 neu hinzu. Feyerabend musste demnach neue Holzstöcke fertigen lassen. Darauf wird bei der später zu behandelnden Clichéfrage zurück zu kommen sein.

Es hat den Anschein, dass sich Feyerabend die Holzstöcke zu den Bibel-Bildern nicht für die eigene Offizin zu erhalten vermochte. Soweit bekannt, hat er dieselben später nicht verwandt, doch ist es dem Verfasser überhaupt noch nicht gelungen, das spätere Vorkommen von Bildern nach den Original-Holzstöcken festzustellen.*) Wir wissen so viel, dass sie 1565 geteilt wurden, und dass ihnen dieses Schicksal bereits im Jahre 1563 gedroht hatte. In diesem Jahre hatte Zöpfel die Hälfte der Holzstöcke als seinen Anteil an den Strassburger Buchdrucker Rihel verkauft; das Geschäft wurde zwar infolge des Ablebens des Käufers rückgängig gemacht, doch als bald darauf Zöpfel starb, verkauften die Vormünder „der Kinder halben theyll der Biblischen Figuren für 300 guldenn". Der Käufer war Th. Rebart, welcher in Jena und Frankfurt a. M. druckte. Ob er die Holzstöcke verwandt hat, bleibt noch festzustellen.

Zu erwähnen bleiben aus dem Feyerabendschen Verlage aber noch 2 Bücher, welche Nachschnitte der biblischen Solisbilder enthalten. Dies sind die Summarien Veit Dietrichs vom Jahre 1567 und Adam Reissner's Jerusalem.

Von den Summarien, die früher in Nürnberg gedruckt waren, hatte Feyerabend 1562 einen Neudruck veranstaltet, und diesen mit den echten Solisbildern geziert. Die Bilder aufzuzählen, erscheint zwecklos; es genügt eine kurze Beschreibung dieser Ausgabe.

Die Summarien von 1562.

Titel: „Summaria über die gantze Biblia das Alte und Newe Testament darinn auff's kürtzte angezeygt wird, was am nötigsten und nützten ist, dem jungen Volck, und gemeinen Mann, auss allen Capiteln zu wissen und zu lernen, darnach sie ihr leben richten, und solcher feiner lehre, zu irer Seelen seligkeit brauchen können. durch Vitum Dieterich. Mit fleiss von newem übersehen und mit schönen Figuren gezieret. Dessgleichen auch etliche andere Schriften . . . . . Getruckt zu Franckfurt am Mayn Anno 1562. "

---

*) Während diese Arbeit gedruckt wurde, fand Verfasser eine 1581 bei Egenolphs Erben in Frankfurt a. M. erschienene Bibel, welche 150 Bilder der Bibl. Fig. enthält. Die Holzstöcke waren also zum Teil an den Konkurrenten Feyerabends gekommen. Feyerabend lebte bis 1590.

Am Schlusse: „Getruckt zu Francfurt am Mayn, durch David Zepffel, Johann Raschen, | und Sigmunden Feierabent, im Jar nach Christi | Geburt, tausent fünffhundert, zwey | und sechtzig. | *

Fol. Der Titel ist rot und schwarz gedruckt und zeigt das Bildnis des V. Dietrich in einer Umrahmung; es ist unten bezeichnet V. S.

Neun Blätter Vorreden und Widmung an den Cardinal Albrecht von Brandenburg, datiert von 1540. Daran schliessen sich die Summarien über das Alte Testament mit 162 einseitig paginierten Blättern und 83 Bildern aus den „Biblischen Figuren". — Der 2. Teil hat folgenden Titel: „Summarien | über das newe Testament | . . . . . . Durch | Vitum Dieterich. | In der Sebalder Pfarrkirchen zu Nürn | berg Prediger, gestellt. | Auff das new mit schönen Figuren geziert. | Getruckt zu Franckfurt am Mayn. | Anno 1562. | * Druckermarke.

Am Schlusse: „Getruckt zu Frankfurt am | Mayn, durch David Zepheln, Johan Raschen | und Sigmund Feierabend; im Jar | 1562. | * Druckermarke.

Fol. Der Titel ist schwarz gedruckt. Der Text fängt auf pag. 4 an. Auf Blatt 2 und 3 ist eine Vorrede an den Kardinal Albrecht von Brandenburg von 1544. Im ganzen sind 185 einseitig paginierte Blätter mit 125 Illustrationen aus den „Biblischen Figuren" von 1562. Einige Bilder sind wiederholt.

Die Summarien von 1567.

Bei dieser Ausgabe fehlten Feyerabend die Holzstöcke. Er half sich, indem er für den 1. Teil die Jost Ammanschen Bibelbilder, welche 1565 von Feyerabend gleichfalls in der Art der „Biblischen Figuren" des Solis herausgegeben waren, benutzte; für den 2. Teil liess Feyerabend die Bilder des Solis nachschneiden.

Beschreibung der Summarien von 1567.

Titel: „Summaria, | Ueber die gantze Biblia | dess alten und neuwen Testaments | darinn . . . . . . (wie 1562) „durch Vitum Dieterich. | Mit Fleiss von neuwem übersehen, und mit schönen Figuren gezieret. | . . . . . Gedruckt zu Frankfurt am Mayn, | 1567. | *

*) Dieselben fehlen bei Andresen, Deutscher Peintre-Graveur, Band 1.

Fol. Der schwarz und rot gedruckte Titel hat ein rohes Bildnis des V Dietrich von unbekannter Hand. Die Vorreden und die Widmung an den Kardinal Albrecht von Brandenburg von 1540 stehen auf 9 unpaginierten Blättern. Den Text enthalten 170 einseitig paginierte Blätter Es finden sich 77 Illustrationen von Jost Amman.

Der 2. Teil hat folgenden Titel:

„Summaria | über das neuwe Testament, darinn | auffs kürtzte angezeigt wirt, was am notigsten . . . . . . durch | Vitum Dieterich | . . . . . . | Auff das neuw mit schönen Figuren geziert. Getruckt zu Franckfurt am Mayn. | 1567. | * Druckermarke.

Am Schlusse: „Getruckt zu Frankfurt am | Mayn, durch Georg Raben, Sigmund Feyerabend | und Weygand Hanen Erben | 1567. | * Druckermarke.

Fol. Der Titel ist schwarz gedruckt. 182 einseitig paginierte Blätter einschliesslich Titel und Schlussblatt, die nicht paginiert sind. Die Vorrede ist wie 1562. Die Bilder gehören zum Teil dem J. Amman und Anderen; zum anderen Teil sind sie mehr oder weniger grobe Nachschnitte nach Solis.

Verzeichnis der Nachschnitte nach Solis.

1. Die heil. drei Könige 76:115. O. Mon. O. Mon. pag. 4 v.
(Die Abmessungen wechseln nach der Höhe bis 86 mm. Die Originalbilder haben 75 : 105.)
2. Der Kindermord zu Bethlehem O. O. 5
3. Die Versuchung Christi . . . O. O. 6
4. Christus lehrt die Jünger . . O. O. 6 v.
5. Christus predigt . . . . . O. U. l. SIF 7 v.
6. Christus warnt vor Geiz . . O. O. 17 v.
7. Christus und der Hauptmann von Kapernaum . . . . O. O. 20
8. Das Gleichnis vom Sämann . O. O. 23 v.
9. Vom Unkraut unter dem Weizen O. O. 24
10. Herodias mit dem Haupte des Täufers . . . . M. U. V . in halber Höhe M. +8 25
11. Die Speisung der 5000 . . . O. O. 25 v.

12 wie 9			pag. 29
13. Vom ungerechten Haushalter	O. Mon.	O. Mon.	30
14. Die Heilung des Aussätzigen	O.	O.	30 v.
15. Christus säubert den Tempel	O.	O.	31 v.
16. Christus spricht zum Volke. .	O. U. r. SIF		32 v.
17. Christus und der Zinsgroschen	O. U. r. IE		33
18. Die Weissagung vom Ende der Welt	O. U. r. SIF		35
19. Christus am Oelberge. 85:115	O.	O.	37
20. Die Gefangennehmung Christi	O.	O.	37 v.
21. Christus vor Kaiphas. 84:115	U. l. ℣.	O.	38
22. Christus vor Herodes. 86:115	U. r. ℣.	M.U.♄	39
23. Die Kreuztragung	O.	O.	39 v.
24. Christus am Kreuz	O.	O.	40
25. Die Beweinung	O.	O.	40 v.
26. Die heil. Frauen am Grabe Christi	O.	O.	41
27. Christus heilt den Taubstummen	O.	O.	44 v.
28. Die Verkündigung Mariae . .	U. l. ℣.	U. l. SIF	47 v.
29. Die Anbetung durch die Hirten	O.	O.	48 v.
30. Christus lehrt im Tempel . .	O.	O.	49 v.
31. Christus erweckt den Jüngling von Naim	O.	M.U. SIF	52 v.
32. Christus im Hause des Simon	M. l. ℣.	M. r. SIF	52 v.
33. Der barmherzige Samariter. .	O.	O.	55
34 Christus treibt den Teufel aus	O.	O.	66
35. Der König, der mit seinen Knechten rechnen wollte	O.	O.	68 v.
36. Der reiche Mann und der arme Lazarus	U. l. ℣.	U. r. +10	69
37. Das Gleichnis vom guten Hirten	O.	O.	79 v.

Vorkommende Monogramme:
1. IE No. 17.
2. ⋏ No. 22.
3. SIF ohne Messer: No. 5, No. 31, No. 32.

SIF mit Messer: No. 16, No. 18, No. 28.
4. ♑. No. 10, No. 21, No. 22, No. 28, No. 32, No. 37.
5. +8 No. 10.
+10 No. 36.

A. Reissner's Jerusalem von 1563.

In diesem Buche findet sich eine andere Serie von Nachschnitten; dieselben sind dadurch wichtig, dass sie, soweit es die Vorgänge selbst betrifft, genaue Kopien der „Biblischen Figuren" sind. Der Hintergrund, die Gebäude u. s. w. sind hingegen geändert und vereinfacht, offenbar, um die Arbeit schnell zu erledigen. Ferner sind die Bilder vergrössert: Oben und an den Seiten ist ein Stück zugezeichnet worden. Auch andere Bilder schmücken das Buch; diese sind in dem nachfolgenden Verzeichnisse zur Unterscheidung von den Soliskopien eingerückt worden.

Beschreibung:
Titel: „Jerusalem Die Alte Haubtstat der Juden, mitten in der Welt, als das irdische Paradlyss, ein vorbildt der ewigen Statt Gottes, war . . . . . . eröffnet und aussgelegt . . . . . . Durch Adam Reissner. Der Erste Theil. Gedruckt zu Franckfort am Mayn, ... 1563."

Am Schlusse: „Getruckt zu Franckfurt am Mayn bey Georg Raben, Sigmund Feyrabent, und Weygand Hanen Erben.

Fol. Das Buch zerfällt in 2 Teile mit gesonderter einseitiger Paginierung.

Im 1. Teil befinden sich zunächst auf 15 unpaginierten Blättern die Vorrede und eine Widmung an Friedrichen von Rödern von 1563. Demnächst Inhaltsverzeichnis, Register u. s. w. Der Text mit den Figuren beginnt auf dem 1. paginierten Blatte. Am Schlusse 7 Blätter Register etc.

Verzeichnis der Bilder:
1. Karte der alten Welt.
   85:122 . . . . .   O. Mon. O. Mon. pag. 1
2. Der Stammbaum des
   Sem. Doppel-Fol. .   O.   O.   4

3. Plan von Jerusalem.
Doppel-Fol. . . . . O. Mon. O. Mon. pag. 10
4. Die Burg Davids. 85:112 M. U. Vſ. O. 12 v.
5. Die Stiftshütte. Früher
77:116, jetzt 84:123 . O. O. 23
6. Die Bundeslade . . . . O. O. 24 v.
7. Bathseba im Bade. 84:123.
Das Blatt ist nach l. und
oben vergrössert, so dass
die Frauen der Bathseba
frei stehen. Der Palast
des David ist nach oben
weiterausgeführt, wodurch die hohen Fenster
über dem Altan, auf dem
David steht, sichtbar sind.
Die Wolken sind nur angedeutet; statt eines hohen
Turms mit Erkern ist
hier ein runder, dicker
Turm mit plattem Dach.
Die Dienerin hält in der
Hand, statt der Flasche
im Original, eine flache
Schale. — In ähnlicher
Weise sind auch die anderen Bilder vergrössert,
und zwar entsprechen
jetzt die Abmessungen
genau den Bildern der
Wittenberger Bibel von
1536, welche dem Solis
als Vorbilder gedient
hatten . . . . O. O. 26
8. 3 Medaillen des Augustus,
M. Agrippa, Ero . . . O. O. 29

9. Die Heilung des Aussätzigen. (Siehe die latein. Ausgabe)	U. l. ♑.	U. l. SIF	pag. 35
10. Christus im Hause Simons.	M. l. ♑.	M. r. SIF	36 v.
11. Christus vor Herodes . U nach M. ♑.		M. U. ♄.	37 v.
12. Christus vor Kaiphas. (Siehe die lateinische Ausgabe)	U. l. ♑.	O.	39
13. Christus vor Pilatus	U. r. ♑.	U. r. ♄.	40
14. Die Dornenkrönung. . .	M. r. ♑.	O.	42
15. Die Verhöhnung Christi .	U. M. ♑.	O.	43
16. Isaaks Opferung	U. l. ♑. In halber Höhe M.	SIF	49
17. Der Tempel Salomos	O.	O.	51
18. Der Vorhof der Priester	O.	O.	60
19. Der Vorhof d. Gemeinde	O.	O.	64 v.
20. Der Vorhof der Heiden	O.	O.	72 v.
21. Der Palast Salomos	O.	O.	76 v.
22. Das Urteil Salomos	M. U. ♑.	O.	79
23. Das heil. Abendmahl	O.	O.	85
24. Das Haus Bethesda	O.	O.	87 v.
25. Marias Besuch bei Elisabeth	O.	O.	95 v.
26. Christus zeigt Thomas die Wundmale	O.	O.	98 v.
27. Die Kreuztragung . . .	O.	O.	104
28. Die heil. Frauen am Grabe	O.	O.	105
29. Christus wird fortgeführt	O.	O.	113 v.
30. Christi Einzug in Jerusalem	O.	O.	114 v.
31. Jeremias zerschlägt den Krug	M. U. ♑.	O.	119 v.
32. Der Tempel des Baal	O.	O.	124 v.
33. Der Tempel der Astoroth	O.	O.	127
34. Christus am Kreuz . . .	O.	O.	139 v.
35. 2 Siegel: siclus Israel und Jerusalem sancta	O.	O.	140 v.
36. Christus lehrt die Jünger	O.	O.	150
37 wie 10			152
38. Das Gleichnis vom Feigenbaum	O.	O.	154 v.

39. Die Jünger holen die Eselin	O. Mon.	O. Mon.	pag. 156 v.
40. Christus am Oelberge . .	O.	O.	160 v.
41. Christus am jüngsten Tage	O.	O.	166

Zweiter Teil.

Titel: „Der Ander Theil". Vorn 5 Blätter Inhalt und eine Widmung an Fugger. Hinten 11 Blätter mit Registern. Der Text steht auf 227 einseitig pag. Blättern.

Verzeichnis der Bilder:

42 wie 1	O. Mon.	O. Mon.	pag. 2
43. Abels Tod 60 : 70. (Nach Beham) . .	O.	O.	2 v.
44 Arche Noë. 62 : 68. (Holbein geg. Kop.)	O.	O.	3 v.
45 wie 16			5
46. Jakobs Traum (Beham-Kopie)	O.	O.	5 v.
47. Der Untergang der Agypter im Roten Meer	O.	O.	6 v.
48. Sauls Krönung . . .	O.	O.	10
49—52 wie 4, 22, 33, 32.			
53. Die eherne Bildsäule und der rollende Stein. 123 : 85	O.	O.	26 v.
55—62. Wiederholungen . . .			
63. (fehlte)	?	?	?
64. Die Anbetung durch die Hirten	O.	O.	123
65—74. Wiederholungen			
75. Karte des Landes Kanaan (Doppel-Folio) . . .		vor pag. 160	
76. Der Triumph Christi. 99 : 127 . . . , . . .	O.	O.	181
77. 11 Münzen, zum Andenken an den Sieg über Judaea von Augustus u. Vespasian geschlagen	O.	O.	199 v.

78. Die Stadt des Elia . . O. Mon. O. Mon. pag. 208

Von den 78 Bildern gehören 41 zu den Kopien nach Solis. Dazu kommen die Wiederholungen.

Vorkommende Monogramme:
1. ₲. No. 11, Nr. 13.
2. SIF ohne Messer. No. 10.
   SIF mit dem Messer. No. 9, No. 16.
3. ₶. No. 4, 9, 10, 11, 12, 13, 14, 15, 16, 22 und 31. —

Jerusalem (lateinische Ausgabe) von 1563.

Gleichzeitig mit der deutschen Ausgabe, die oben beschrieben wurde, erschien eine lateinische Übersetzung mit etwas geänderter Einrichtung.

Beschreibung:

Titel: „Jerusalem Vetustissima il la et celeberrima totius mundi civitas, ex sacris literis et appro batis Historiis ad unguem ' descripta: !...... Quae Adamus Reissnerus magno pri mum labore Germanica lingua delineata edidit: nunc autem La tine omnia perscripta ...... Per Johannem Heydenum ' Eyflandrum Dunenum. Francofurti, cum Gratia et Privilegio Caesareo atq. Regio. 1563. " Druckermarke.

Am Schlusse: „Francofurti ad Moenum, per | Georgium Corvinum, Sigismundum Feierabent, & Haeredes Vvi gandi Galli. |"

Fol. Auf der Rückseite des Titels steht die poetische Widmung des Joh. Posthius an die Leser. Es folgen 5 Blätter Epistola dedicatoria des J. Heydenus an Joh. Jac. Fugger, dadiert von 1563. Der Text steht auf 636 paginierten Seiten. Es folgen 16 Blätter mit einem Index.

Die 44 Illustrationen sind dieselben, wie im ersten Teil der deutschen Ausgabe. 3 Bilder, No. 2, 35 und 37, fehlen gegen die deutsche Ausgabe, 6 Wiederholungen sind hinzugekommen. Hervorzuheben sind die Bilder No. 9 und 12. In der deutschen Ausgabe hat No. 9 das Monogramm SIF, welches auf demselben Bilde in der lateinischen fehlt. Umgekehrt hat No. 12 in der lateinischen Ausgabe U. l. SIF, was in der deutschen Ausgabe fehlt. Ein nachträgliches Auslöschen der Monogramme scheint nicht vorzuliegen ein 2. Exemplar zur Vergleichung konnte jedoch nicht herangezogen werden. Die Bilder in beiden Ausgaben sind sämtlich von denselben Holzstöcken abgedruckt worden, also auch die No. 9 und 12. —

Die Dietenberger Bibel mit Soliskopien.

Die besten und wichtigsten Kopien nach den „Biblischen Figuren" sind in Köln für die katholische Bibel des Johann Dietenberger gemacht worden. Die Kopien sind zuerst in der 7. Auflage der Bibel 1564 zu Köln bei Quentells Erben verwandt worden, wie dann später noch 1575, 1584 und 1607. Da die „Biblischen Figuren" zuerst 1560 bei Feyerabend erschienen, so hat man sich mit den Nachschnitten sehr beeilt. Man wollte verhindern, dass die schönen Feyerabendschen Bibeln von 1560 und 1561 der Bilder wegen bei den Katholiken Verbreitung fänden. Dieses wird ausdrücklich in der Vorrede erklärt und damit zugleich wegen der durch die nötige Eile bei der Herstellung vorgekommenen Druckfehler die Nachsicht des Lesers angerufen.

Nagler und die anderen Schriftsteller, welche die Bibel erwähnen, erkannten nicht, dass diese Bilder Kopien seien, und man nahm an, dass die Holzstöcke von Frankfurt nach Köln verliehen worden sind, wie das in anderen Fällen in der Schweiz vorgekommen sein soll. Das ist nun nicht der Fall gewesen, doch sind die Kölner Kopien allerdings von einer solchen Treue und Schönheit, dass man sie leicht für die Originale halten konnte. Ein näherer Blick zeigt aber doch gelegentliche, kleine Abweichungen, vor allem aber neue Holzschneider Monogramme.

Für die Beschreibung der Bibel benutzen wir die Ausgabe von 1575. Dies ist die 12. Auflage und die 2. Dietenberger Bibel mit den Soliskopien. Sie ist ein Abdruck der bereits erwähnten 7. Auflage vom Jahre 1564.

Beschreibung der Dietenberger Bibel von 1575.

Titel: „Catholische Bibell das ist | Alle bücher der H. Schrifft, bei ' de Alts und Newen Testaments: nach Alter in Christlicher Kyrchen ge habter Translation trewlich ver ' teuscht, und mit vielen beilsa men Annotaten erleuch tet durch d. Johan. Dietenberger.

Gott zu lob, und der Röm. Keis. Majest. zu allergnedigstem wolgefal|len und gemeyner Teutscher Nation zu gu tem, abermal mit schönen ansehnlichen Figuren geziert, und in diese herr|liche Form gestellt. Zu Köln, durch Gerwinum Calenium, und die Erben Johan Quentels | im Jar 1575. | Mit Röm. Keis. Majest. Gnad und Freiheit."

Am Schlusse: „Ende des Alten Testaments."

Folio. Der schwarz und rot gedruckte Titel steht in einer schönen Umrahmung mit 9 biblischen Darstellungen und 5 grossen Wappen, davon in der unteren Leiste die Wappen von Kur-Mainz, Kur-Köln und Kur-Trier. Unten in der Mitte bezeichnet: HE.

Unten links und rechts verteilt: 1564. Es folgen 7 unpaginierte Blätter mit dem Privileg Kaiser Ferdinands auf 10 Jahre, datiert 1563, 2 Widmungen an den Kaiser und an den Kardinal Albrecht von Brandenburg, Register und Vorrede an den Leser. Der Text steht auf 528 einseitig paginierten Blättern und schliesst mit dem „ander Buch Machabeor" pag. 528 verso ab. Das 3. Buch der Maccabäer ist nicht aufgenommen, weil es „von her heiligen Christlichen Kyrchen nit angenommen", wie es in einer längeren Schlussbemerkung heisst.

Das Alte Testament enthält, einschliesslich einiger Wiederholungen, 103 Holzschnitte, welche sämtlich nach den biblischen Figuren von 1562 kopiert sind. Somit ist es nicht erforderlich, die Bilder hier wieder aufzuführen. Es sind daher nur die Nummern der Bilder genannt und die Monogramme von 1562 und 1575 einander zum besseren Vergleich gegenübergestellt.

Verzeichnis der Bilder-Nummern mit verschiedenen Monogrammen.

Dietenberger Bibel 1575.		Biblische Figuren 1562.		
No. 1. U. l. 𝕍.	U. l. SH.	U. l. 𝕍.	O. Mon. No.	1.
2. U. r. 𝕍.	U. l. SHF.	U. r. 𝕍.	O.	2.
3. U. r. 𝕍.	M. l. SIF.	U. r. 𝕍.	O.	3.
4. U. r. 𝕍. Am Altar SIF.		U. r. 𝕍.	O.	4.
9. U. r 𝕍. M. nach l. SHF.		U. r. 𝕍.	M. U. 3 +	9.

No. 12.	U.l. ♑.	O.	U.l. ♑.	U.r. FO.	No. 12.
13.	U.r. ♑.	M.U. SIF.	U.r. ♑.	O.	13.
15.	U.l. ♑.	O.	U.l. ♑.	U.r. FO.	15.
23.	U.r. ♑.	M. SIF.	U.r. ♑.	O.	23.
26.	U.l. ♑.	U.r. SIF.	U.l. ♑.	O.	26.
28.	U.l. ♑.	O.	U.l. ♑.	U.r. +7	28.
29.	U.r. ♑.	O.	U.r. ♑.	U.l. 2+	29.
34.	O.	O.	O.	U.l. FO.	32.
35.	O.	O.	U.l. ♑.	O.	33.
52.	U.l. ♑.	O.	U.l. ♑.	M.4+	49.
56.	O.	O.	U.r. ♑.	O.	53.
66.	U.r. ♑.	M. ♑︎.	U.r. ♑.	O.	73.
70.	U.l. ♑.	M. ♑︎.	U.l. ♑.	O.	65.
71.	U.l. ♑.	M. ♑︎.	U.l. ♑.	O.	66.
72.	U.l. ♑.	U.l. ♑︎.	U.l. ♑.	O.	67.
74.	U.r. ♑.	U.l. SIF.	U.r ♑.	U.l. ♐.	69.
75.	O.	M. ♑︎.	O.	O.	70.
79.	U.l. ♑.	U.r. ♑︎.	U.l. ♑.	U.r. S.	71.
82.	U.l. ♑.	U.M. ♑︎.	U.l. ♑.	O.	74.
83.	O.	O.r. ♑︎.	O.	O.	75.
84.	U.l. ♑.	O.	U.l. ♑.	O.l. ♐.	76.
85.	U.l. ♑.	O.	U.l. ♑.	U.r. ♐.	77.
86.	O.	O.	U.r. ♑.	O.l. ♐.	78.
87.	U.l. ♑.	U.r. SIF.	U.l. ♑.	U.r. ♐.	79.
88.	U.l. ♑.	O.	U.l. ♑.	O.l. ♐.	80.
89.	U.l. ♑.	M. SIF.	U.l. ♑.	U.r. ♐.	81.
90.	U.l. ♑.	U.r. SIF.	U.l. ♑.	U.r. ♐.	82.
91.	M. ♑.	M. ♑︎.	M. ♑.	O.	83.
92.	O.	M. ♑︎.	O.	O.	84.
94.	U.r. ♑.	U.l. ♐.	U.r. ♑.	U.l. ♐.	85.

No. 96.	U. r. 𝔙.	M. U. 𝔄.	U. r. 𝔙.	M. U. ⟶.	No. 86.
98.	U. r. 𝔙.	O.	U. r. 𝔙.	M. U. 𝔖.	89.
99.	U. l. 𝔙.	O.	U. l. 𝔙.	O. r. 𝔖.	90.
100.	U. l. 𝔙.	M. U. 𝔄.	O.	O.	91.
101.	U. r. 𝔙.	O.	U. r. 𝔙.	U. l. 𝔖.	93.
102.	O.	M. l. 𝔄.	O.	O.	95.

Beschreibung des Neuen Testaments.

Titel: „Das New | Testament | Nach alter in Christlicher Kir | chen gehabter Translation trewlich | verteutscht, und mit vilen Heilsamen | Annotaten erleuchtt | durch | D. Johan. Dietenberger | ...... | zu Cöln, durch Gerwinum Calenium | und die Erben Johan Quentels | im Jar 1575. | ......

Am Schlusse: „Ende des newen Testaments." Dazu ein Dankgebet.

Fol. Der schwarz gedruckte Titel ist in derselben Einfassung, wie im 1. Teil. Der Text beginnt auf der Rückseite des Titels und steht auf 156 einseitig paginierten Blättern. Es kommen 37 Bilder vor, welche gleichfalls sämtlich Copien der „Biblischen Figuren" von 1562 sind.

Nachstehend folgt wieder das Verzeichnis der Nummern mit den verschiedenen Monogrammen.

Dietenberger Bibel 1575.		Biblische Figuren 1562.			
No. 109.	M. U. 𝔙.	O.	M. U. 𝔙.	M. + 8.	No. 181.
110.	O.	U. l. 𝔄.	O.	O.	182.
111.	U. r. 𝔙.	U. l. + 11	U. r. 𝔙.	U. r. + 11.	105.
112.	O.	O.	U. l. 𝔙.	O.	179.
113.	O.	U. l. 𝔄.	U. r. 𝔙.	U. l. + 1.	194.
114.	O.	M. U. 𝔄.	O.	O.	108.
115.	U. l. 𝔙.	O.	U. l. 𝔙.	U. r. + 10.	146.
116.	M. U. 𝔙.	U. l. 13 +.	O.	U. l. + 13.	106.
117.	O.	U. l. 𝔄.	O.	O.	118.
121.	O.	U. r. 𝔉𝔉.	O.	O.	191.

No. 122.	U. r. ♀.	U. l. ♂.	U. r. ♀.		O.	No. 193.
123.	O.	O.	O.	U. l. ⚬		195.
124.	U. r. ♀.	O.	M. ♀.	U. l. 18 +		196.
125.	U. l. ♀.	O.	U. l. ♀.	R. auf Schild	H3 +	197.
126.	U. l. ♀.	M. U. ♂.	U. l. ♀.		M. H.	198.
127.	U. r. ♀.	O.	U. r. ♀.	U. l. + 21.		200.
128.	O.	M. U. ♂.	O.		O.	201.
129.	U. r. ♀.	O.	U. r. ♀.	U. l. 19 +.		202.
130.	M. U. ♀.	O.	O.		O.	203.
132.	O.	O.	O.		U. r. H.	206.
138.	O.	U. l. ♂.	O.		O.	215.
141.	O.	O.	O.		M. r. H.	218.

In den Kopien der Dietenberger Bibel sind häufig selbst kleine Zufälligkeiten der Originale wieder gegeben. Von Unterschieden auf einzelnen Bildern seien als die bedeutensten genannt:

No. 2. Die Erschaffung der Eva. Die Blösse Adam's ist durch eine emporwachsende Blume verdeckt; in den Biblischen Figuren fehlt diese Blume.

3. Der Sündenfall. Eva reicht dem Adam den Apfel; auf dem Original nimmt sie den Apfel, wie bei Dürer, Bartsch 2, von der Schlange.

5. Die Sündflut. Die wenige mm. hohe Gestalt, welche rechts von der Arche auf einem Felsen steht, ist bekleidet; im Original ist die Gestalt unbekleidet.

Die Bilder in der Dietenberger-Bibel von 1575 sind gleichfalls mit den Leisten geschmückt; es kommen aber nur 5 Muster derselben vor. In der Ausgabe von 1564 sind 6, in der von 1607 7 Umrahmungen verwandt worden.

Andere Kopien nach den „Biblischen Figuren".

Von den übrigen zahlreichen Kopien nach den Solis-Bildern kann an dieser Stelle noch nicht berichtet werden. Dieselben wurden immer roher und sind häufig zunächst nur durch das

Monogramm des Solis, welches, wie es scheint, als Empfehlung immer beibehalten wurde, als solche zu erkennen. Es ist erwähnt, dass die Kopien bis in das 17. Jahrhundert gehen, und dass sie, als der Holzschnitt an der eigenen Verwilderung zu Grunde gegangen war, später auch in Kupfer gestochen sind. — —
Von den Kopien der Biblischen Figuren des Virgil Solis sahen wir demnach jene für die „Catholische Bibell," welche zunächst zeigen, mit welcher überraschenden Genauigkeit die Holzschneider, trotz der grossen Eile, zu kopieren verstanden haben. Die Kopien für „Jerusalem" und die „Summarien" sind an Wert zwar weit geringer, bieten aber dadurch ein besonderes Interesse, dass Feyerabend selbst sie herstellen liess. Es ist nicht klar, was ihn dazu veranlasst haben mag. Aber diese Thatsache in Verbindung mit jener anderen, dass zahlreiche Buchdrucker die Bilder gleichfalls kopieren liessen, scheint wohl geeignet, zu der viel besprochenen Clichéfrage einen wichtigen Beitrag zu liefern.

Zur Clichéfrage.

Der einst so lebhaft geführte Streit, ob es im 16. Jahrhundert Cliché's gegeben habe, ist zwar niemals ausgefochten worden, doch neigt sich die Mehrheit der Ansicht zu, dass man diese gekannt und angewendet habe. Wir treten hier nun vor die Thatsache, dass Feyerabend Cliché's nicht gekannt haben kann. Er wie seine Genossen hätten alle Veranlassung gehabt, die Holzstöcke des Solis zu clichieren. Der Handel mit diesen Clichés wäre zweifellos ein recht einträglicher gewesen.

Jeder Buchdrucker, der die Bilder mehr oder weniger gut nachschneiden liess, würde die treuen und dabei weit wohlfeileren Clichés vorgezogen haben. Dass die Bilder zu seinem Schaden kopiert wurden, konnte Feyerabend nicht hindern, und da er als Formschneider am besten wusste, wie schnell und gut man zu kopieren verstand, hatte er keine Aussicht, die beliebten Bilder für den eigenen Verlag allein auszunutzen. Es ist daher nicht anzunehmen, dass er diese Nachteile ohne weiteres über sich hätte ergehen lassen, statt sich durch den Handel mit den Clichés erhebliche materielle Vorteile zu verschaffen.

Endlich brauchte Feyerabend die Clichés selbst. Nicht allein, dass er sich dadurch auf die billigste und einfachste Art gegen das zufällige Verderben und Abnutzen der zahlreichen Holzstöcke gesichert hätte, er muss, als die Holzstöcke nicht disponibel sind, nun selbst Nachschnitte fertigen lassen. Schon im Jahre 1562 sehen wir ihn bei Solis für die Bilderbibel neue Holzstöcke als Ersatz für ältere bestellen; 1563 und 1567 verwendete er bereits Nachschnitte, die an die Originale nicht entfernt heranreichen.

Wie Feyerabend die Wirkung der verschiedenen Auflagen der „Biblischen Figuren" durch Leisten und neue Bilder zu heben und dadurch nicht nur jeder neuen Auflage einen frischen Reiz zu geben, sondern sich auch stets einen Vorsprung vor den Nachdrucken zu sichern wusste, ist früher gezeigt worden. Dieser Vorsprung wäre ihm auch geblieben, wenn er Clichés verkauft hätte. Dies in Verbindung mit der ungewöhnlichen Geschicklichkeit bei der schnellen Herstellung von Nachschnitten widerlegen den Einwand, als ob er durch einen zu raschen Abdruck der Bilder die frische Sehlust des Volkes nicht zu früh hätte abnutzen wollen.

Es unterliegt daher keinem Zweifel, dass Feyerabend für Bilder Clichés nicht gekannt hat, und dadurch wird der weitere Zweifel berechtigt, ob es zu jener Zeit überhaupt Cliché's gegeben habe. Denn in Feyerabend stellt stellt sich ohne Frage die Summe des typographischen Wissens seiner Zeit am vollkommensten dar; nachgewiesen ist ferner, dass er in der Schweiz, wo angeblich die Cliché's zuerst gefertigt sein sollen, bekannt war und dass er dort Bücher drucken liess. Unzweifelhaft würde Feyerabend, welcher die ihm stets nachgesagte Rolle eines kunstbegeisterten Mäcens keineswegs gespielt hat, sondern ein rücksichtsloser Geschäftsmann mit stark entwickeltem Erwerbssinn gewesen ist, die wichtige Erfindung ausgenutzt haben. Künstlerische Bestrebungen lagen ihm vollständig ferne, vielmehr huldigte er dem ganz modernen Prinzip, einen Vorteil schnell aber gründlich auszunutzen, und immer für neues zu sorgen. Als er 1562 die Biblischen Figuren zum 2. Male druckte, bestellte er sich bereits bei Jost Amman neue Bilder. Da war es recht naheliegend, die alten so vorteilhaft als möglich zu verwerten.

Noch weit häufiger als Solis' biblische Bilder sind seine

Bilder zum Ovid, zu Reineke Fuchs und Aesop kopiert worden. Gute Nachschnitte dieser Bilder zu clichieren, wäre noch im 17 Jahrhundert ein einträgliches Geschäft gewesen.

Schlussbemerkung.

Der Beifall, welchen die „Biblischen Figuren" des Virgil Solis fanden, machte seine Art für die nächste Zeit auf diesem Gebiete tonangebend. Eine Reihe von Zeichnern und Holzschneidern arbeitete in seiner Weise weiter. Aber an diesen Werken seiner Nachfolger sind die Grenzen der künstlerischen Persönlichkeit unseres Meisters am besten zu erkennen. Ein handwerksmässiger Zug geht durch Solis' Arbeiten, er lässt sich nicht Zeit, alles durchzuarbeiten, und daher kommt er, trotz seiner Begabung, zu keiner Entwickelung eines eigenen persönlichen Stils, zu keiner ausgesprochen künstlerischen Individualität. Die zahlreichen Bilder gewähren keinen tieferen Einblick in des Meisters persönliche Natur, sondern sind einfache Illustrationen, welche unterhalten, aber für die Person des Künstlers ein tieferes Interesse nicht zu erwecken vermögen. Den Meister hielt sein guter Geschmack von Uebertreibungen gewöhnlich fern, allein es liegt in der Natur der Sache, dass die Nachfolger, in dem Bestreben, es ihm gleichzuthun, ja ihn zu überbieten, zu solchen kommen mussten. Und so sehen wir schon bei dem bedeutendsten unter seinen Schülern, bei Jost Amman von Zürich, in dessen Bildern zur Bibel, zur Geschichte und Mythologie eine ungewöhnliche Manieriertheit, die sich oft geradezu in das Hässliche verirrte.

Eine Fortentwickelung der Buchillustration konnte daher nach dieser Richtung nicht stattfinden. Sie liegt auch auf einem anderen Gebiete: In den humoristischen Büchern, den Tier- und Fabelbildern, blieb das Volk bei seiner alten Vorliebe für realistische, nach dem Leben gezeichnete Darstellungen, und dort blüht eine Lebenswahrheit und ein Humor weiter, die weit über das hinausgehen, was die Solisbilder dieser Art bieten. Aber auch für diese Illustrationen hat Solis die Vorbilder geliefert und dadurch bedeutend gewirkt. Darum stehen diese Illustrationen für die Volksbücher auch über seinen Biblischen Figuren. Mit jenen werden wir uns im folgenden Kapitel beschäftigen.